LE CORDON BLEU

RECETAS CASERAS
·DESAYUNOS·

KÖNEMANN

contenido

4
Brochetas de fruta fresca/Muesli suizo

6
Pomelo asado/
Huevos revueltos con salmón ahumado

8
Tostadas francesas con compota de bayas

10
Huevos benedictinos

12
Rösti con bacon

14
Kedgeree de salmón

16
Masa básica para crêpes/
Rollos de crêpes con cerezas

18
Timbal de crêpes

20
Bagels

22
Huevos "cocotte"
con trucha ahumada y puerros/Frittata

24
"Granita" de café con panna cotta

26
Quiche de cebolla caramelizada,
espinacas y queso azul

28
Bolsitos de Brie con peras y almendras

30
Arroz con leche oriental/
Ruibarbo estofado con jengibre

32
Pasta de hojaldre con espárragos y
champiñones en salsa cremosa

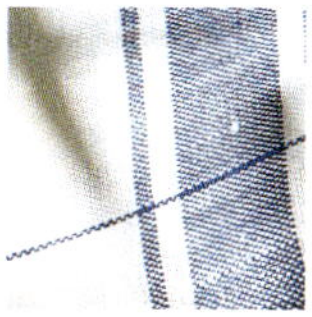

34
Magdalenas de chocolate
/Panecillos de maíz con bacon y queso

36
Huevos a la florentina

38
Rollo de espinacas y cangrejo

40
Soufflés individuales en dos tiempos

42
Riñones picantes "a la diabla" con discos
de polenta a la salvia

44
Empanadas caseras de carne picada de
cerdo/Bocaditos de patata a la plancha

46
Cruasanes

48
Crumpets

50
Conserva de higos/Conserva de naranjas chinas

52
Pikelets/Gofres

54
Brioches

56
Pan agrio de cerezas y pacanas

58
Pastas danesas

60
Conserva de frutas rojas

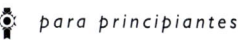

62
Técnicas del chef

para principiantes   *para cocineros poco experimentados*   *para cocineros expertos*

Brochetas de fruta fresca

Unas dulces brochetas de fruta calientes acompañadas de un poco de nata líquida o yogur constituyen una deliciosa alternativa a una macedonia fresca.

Tiempo de preparación 20 minutos + 2 horas en reposo + 30 minutos en maceración
Tiempo total de cocción 7 minutos
Para 4 personas

1 cucharadita de romero fresco picado fino
125 g de miel clara
450 g de frutas variadas tales como fresas, kiwis, albaricoques o piña
2 cucharaditas de azúcar extrafino

1 Ponga 16 brochetas pequeñas de madera en remojo durante 30 minutos, o bien corte piezas de 15 cm de largo. Mezcle el romero con la miel y dos cucharadas de agua en una sartén y lleve la mezcla lentamente a ebullición. Retírela del fuego y déjala enfriar. Cúbrala con film transparente y déjela reposar en la nevera dos horas o preferiblemente toda la noche.
2 Prepare la fruta lavándola y pelándola. Deje algunas frutas como las fresas enteras, corte los kiwis en rodajas gruesas, parta los albaricoques por la mitad, etc., de tal manera que los pedazos obtenidos sean de tamaño similar. Inserte la fruta en las brochetas, colóquelas en una fuente llana y riéguelas con la mezcla de miel y romero. Déjela aparte durante 30 minutos, untando las brochetas con el líquido de vez en cuando.
3 Precaliente la parrilla a temperatura máxima. Escurra la fruta y reserve el líquido. Espolvoréela con el azúcar y ásela en una fuente refractaria llana; cueza cada lado de 5 a 7 minutos y riéguela de vez en cuando con el fondo de cocción. Sirva las brochetas calientes, vierta encima la mezcla de miel y acompáñelas con nata líquida, si lo desea.

Nota del chef Puede emplearse fruta seca, que se mezclará con el preparado de miel y romero. Caliéntelo 2 minutos, déjelo enfriar e inserte los ingredientes en las brochetas. Finalmente, áselas a la parrilla durante 3 minutos.

Muesli suizo

Para empezar el día de forma sana con un desayuno ligero. El muesli puede prepararse con frutos secos y frutas variadas, dependiendo de lo que se tenga a mano.

Tiempo de preparación 10 minutos
Tiempo total de cocción 10 minutos
Para 1 persona

1 cucharadita de pasas
150 g de yogur natural espeso
1 cucharadita de miel clara
3 cucharaditas de copos de avena
2 cucharaditas de almendras o avellanas, tostadas, peladas y picadas
1 fruta de la pasión
1 mango pequeño cortado en dados, o un plátano cortado en láminas; reserve unas pocas para decorar
unas cuantas almendras tostadas para adornar

1 Coloque las pasas en un bol pequeño, cúbralas de agua hirviendo y déjelas aparte mientras prepara el muesli.
2 Mezcle el yogur, la miel clara, los copos de avena y las almendras o avellanas en otro bol.
3 Corte la fruta de la pasión por la mitad con un cuchillo afilado. Vacíe las semillas y la pulpa con una cucharita y añádalas a la mezcla de yogur. Escurra las pasas y agréguelas también, junto con el mango o plátano. Mezcle todos los ingredientes con cuidado.
4 Páselo todo a un bol y decórelo con la fruta y almendras reservadas.

Notas del chef Si se prefiere un muesli más dulce, puede añadirse un poco más de miel o de azúcar moreno antes de servir.

También pueden emplearse frutas frescas de temporada como fresas, melocotones, peras al gusto.

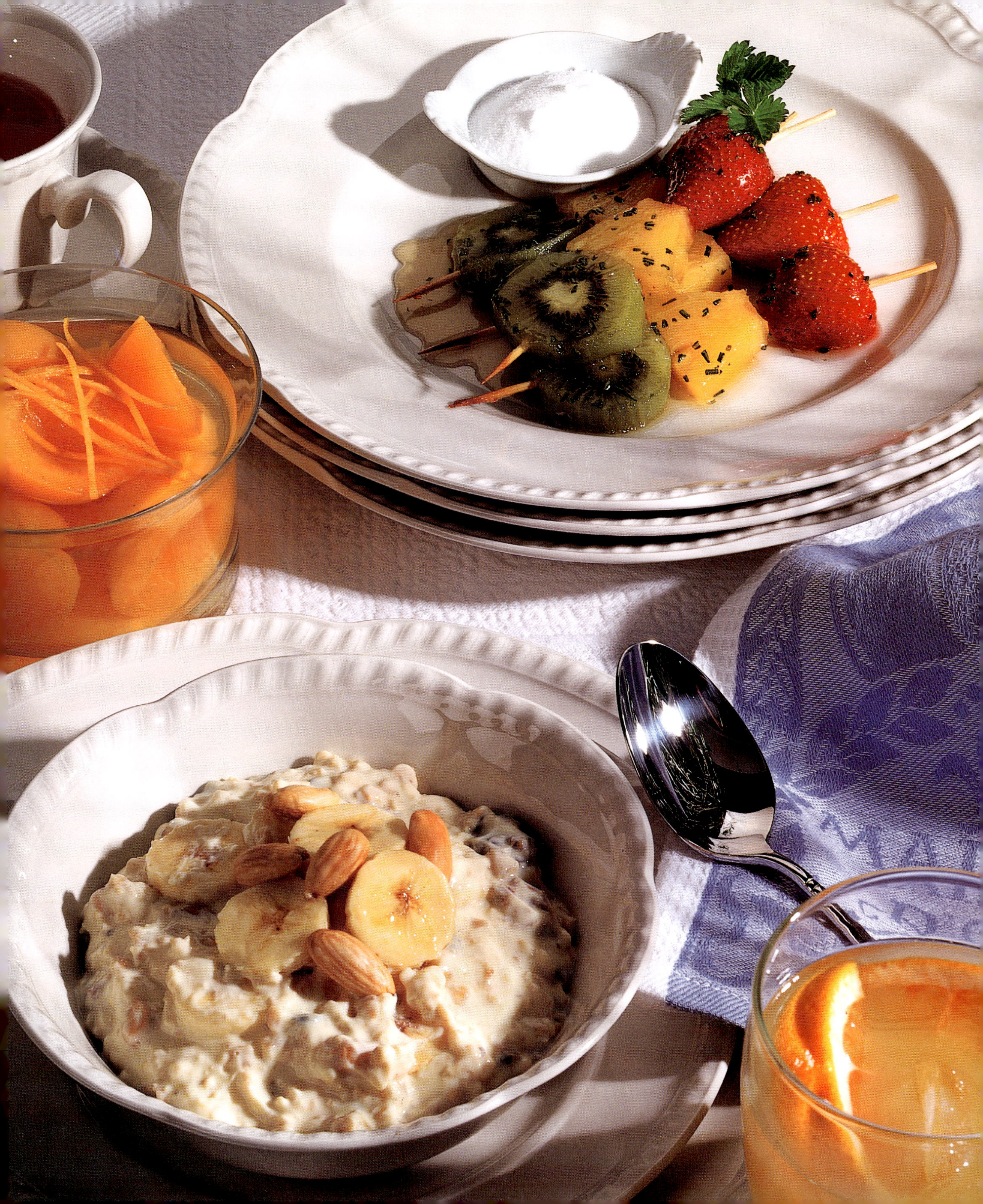

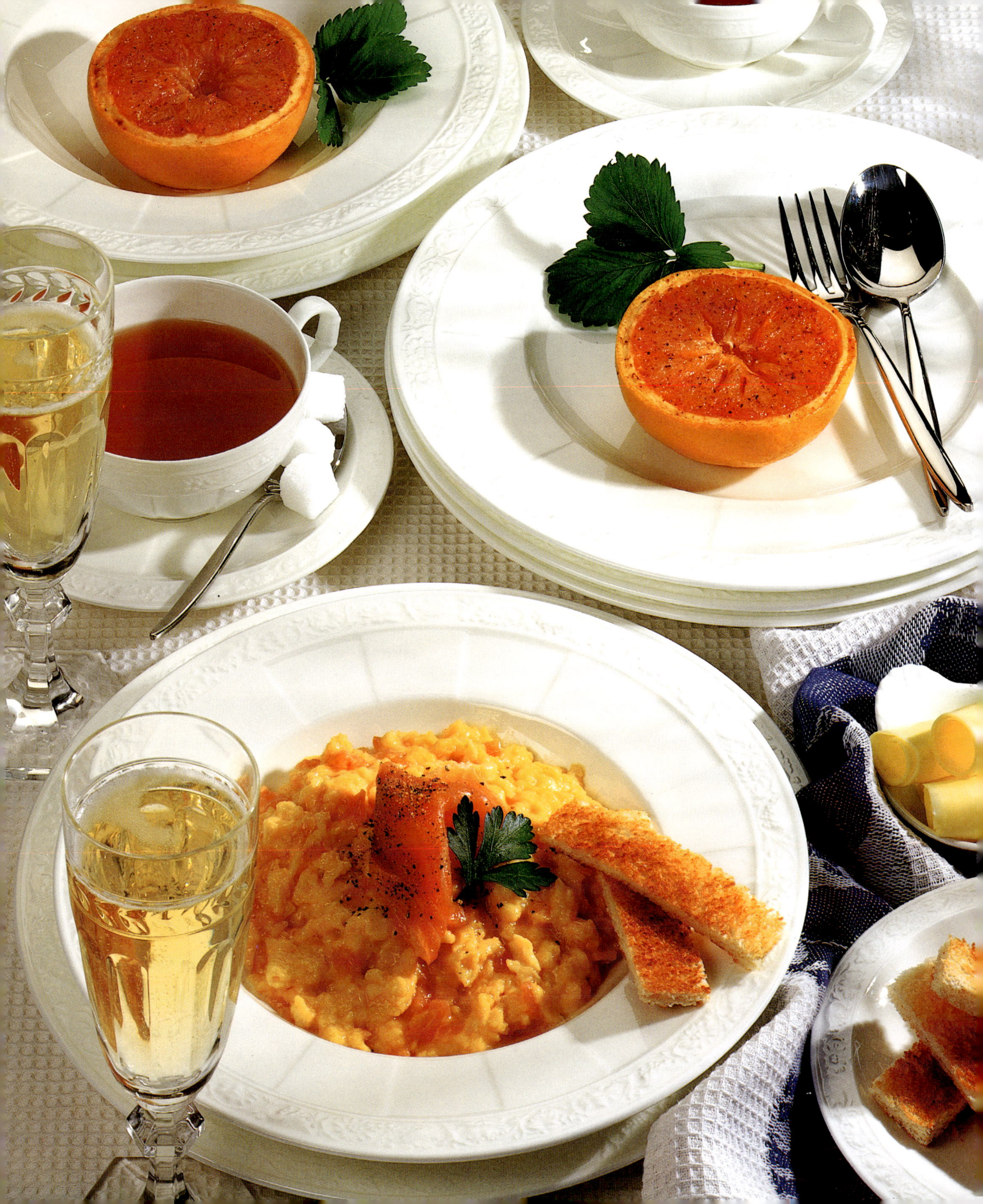

Pomelo asado

Un pomelo bien preparado constituye un plato de auténtico lujo. De sabor fuerte y refrescante, es un primer plato interesante para el desayuno o almuerzo.

Tiempo de preparación **20 minutos**
Tiempo total de cocción **5 minutos**
Para 4 personas

2 pomelos de buen tamaño, preferiblemente de color rosa
2 cucharaditas de Cointreau
1 cucharadita de azúcar moreno
una pizca de nuez moscada

1 Corte los pomelos por la mitad y pélelos un poco por la base para que después se puedan presentar de pie. Con la punta de un cuchillo bien afilado, haga un corte a ambos lados de cada membrana para aflojar los gajos, teniendo cuidado de no cortar la piel.

2 Con el mismo cuchillo, afloje la fruta de los lados de la corteza y de la base haciendo cortes en el punto de unión entre la parte carnosa y la parte blanca central. Para obtener un resultado óptimo, retire la membrana aguantando los gajos con un cuchillo y tirando de ella hacia el centro. De esta manera podrá sacarla con cuidado junto con la médula blanca central, de manera que los gajos caigan de nuevo a su sitio.

3 Retire el jugo vertido y acomode el pomelo en una fuente refractaria o para la parrilla. Rocíe cada mitad con media cucharadita de Cointreau. Precaliente la parrilla hasta que alcance una temperatura alta. Mientras, mezcle el azúcar con la nuez moscada y salpique el pomelo con la mezcla obtenida. A continuación, ase el pomelo a la parrilla hasta que la superficie adquiera un color ligeramente tostado. Sírvalo caliente en platos precalentados.

Nota del chef Los pasos 1 y 2 pueden realizarse la víspera. Cubra las mitades de pomelo y guárdelas en el frigorífico.

Huevos revueltos con salmón ahumado

Los huevos revueltos están deliciosos acompañados de pan tostado, como relleno de cruasanes o de pasta. La clave para conseguir unos huevos cremosos consiste en no prolongar el tiempo de cocción.

Tiempo de preparación **10 minutos**
Tiempo total de cocción **5 minutos**
Para 4–6 personas

125 g de salmón ahumado
10 huevos
80 ml de nata espesa
20 g de mantequilla
ramitas de perejil con hojas bien frescas para adornar

1 Reserve unas cuantas lonchas de salmón ahumado para decorar, corte el resto en trozos pequeños y déjelos aparte.

2 En un cuenco, bata los huevos junto con la nata y sazone el preparado con sal y pimienta.

3 Derrita la mantequilla en una sartén. Añada los huevos y cocínelos a fuego moderado removiendo constantemente de 3 a 5 minutos, hasta que los huevos estén espesos y cremosos pero todavía tengan una consistencia semilíquida. Añada los trozos de salmón y sírvalos inmediatamente, adornados con las lonchas enteras y una ramita de perejil, y acompañados de tiras de pan tostado.

Notas del chef Los huevos revueltos siguen cociéndose aún después de retirar la sartén del fuego, por lo que es importante tenerlo todo a punto para poder servirlos tan pronto como estén preparados.

Si se prefiere, se puede dejar el salmón en lonchas y servirlo junto con los huevos.

Este combinado también constituye un relleno delicioso para cruasanes calentitos recién hechos.

Pomelo asado (arriba)
y Huevos revueltos con salmón ahumado

Tostadas francesas con compota de bayas

Esta compota de bayas puede disfrutarse todo el año, ya que se prepara con bayas frescas o congeladas. Los restos pueden añadirse a un yogur natural para enriquecerlo.

Tiempo de preparación 10 minutos
Tiempo total de cocción 35 minutos
Para 4 personas

90 g de azúcar
el jugo de 1 limón
500 g de bayas frescas o congeladas
90 g de miel clara
6 huevos
90 ml de nata espesa
una pizca de canela en polvo
80 g de mantequilla
8 rebanadas de pan blanco
2 cucharadas de azúcar glas

1 Mezcle el azúcar junto con el jugo del limón y 3 cucharadas de agua en una cazuela y póngala al fuego para disolver el azúcar. Añada la fruta y vaya removiendo el preparado hasta que hierva; baje el gas y deje hervir a fuego lento de 5 a 10 minutos, o hasta que la fruta esté blanda pero todavía quede entera. Si se emplea fruta congelada, debe cocinarse sin descongelar durante unos cuantos minutos más.

2 Escurra la fruta y vierta el líquido con la miel en una sartén pequeña. Llévelo a ebullición mezclando bien y déjelo cocer de 7 a 10 minutos. El preparado estará en su punto cuando cubra el dorso de una cuchara de madera y no gotee. Disponga la fruta en una fuente y riéguela con el líquido, removiéndola para que quede bien impregnada.

3 Bata los huevos, la nata y la canela. Derrita un cuarto de la mantequilla en una sartén a fuego medio, reboce dos rebanadas de pan en el huevo y fríalas de 2 a 4 minutos, o hasta que los lados estén dorados. Continúe la cocción hasta acabar con el resto de mantequilla y el pan. Manténgalas calientes en el horno y sírvalas espolvoreadas del azúcar glas y la compota.

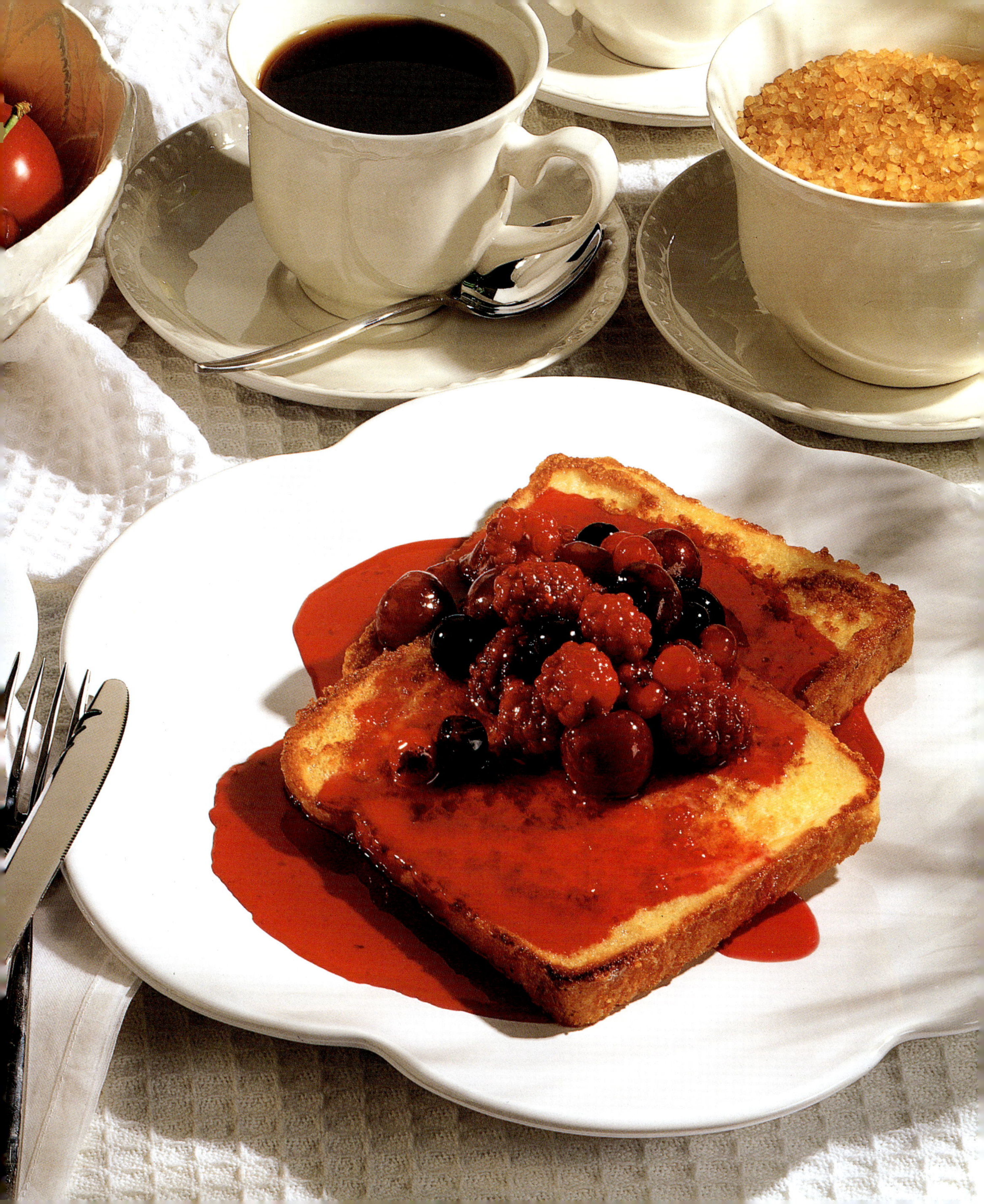

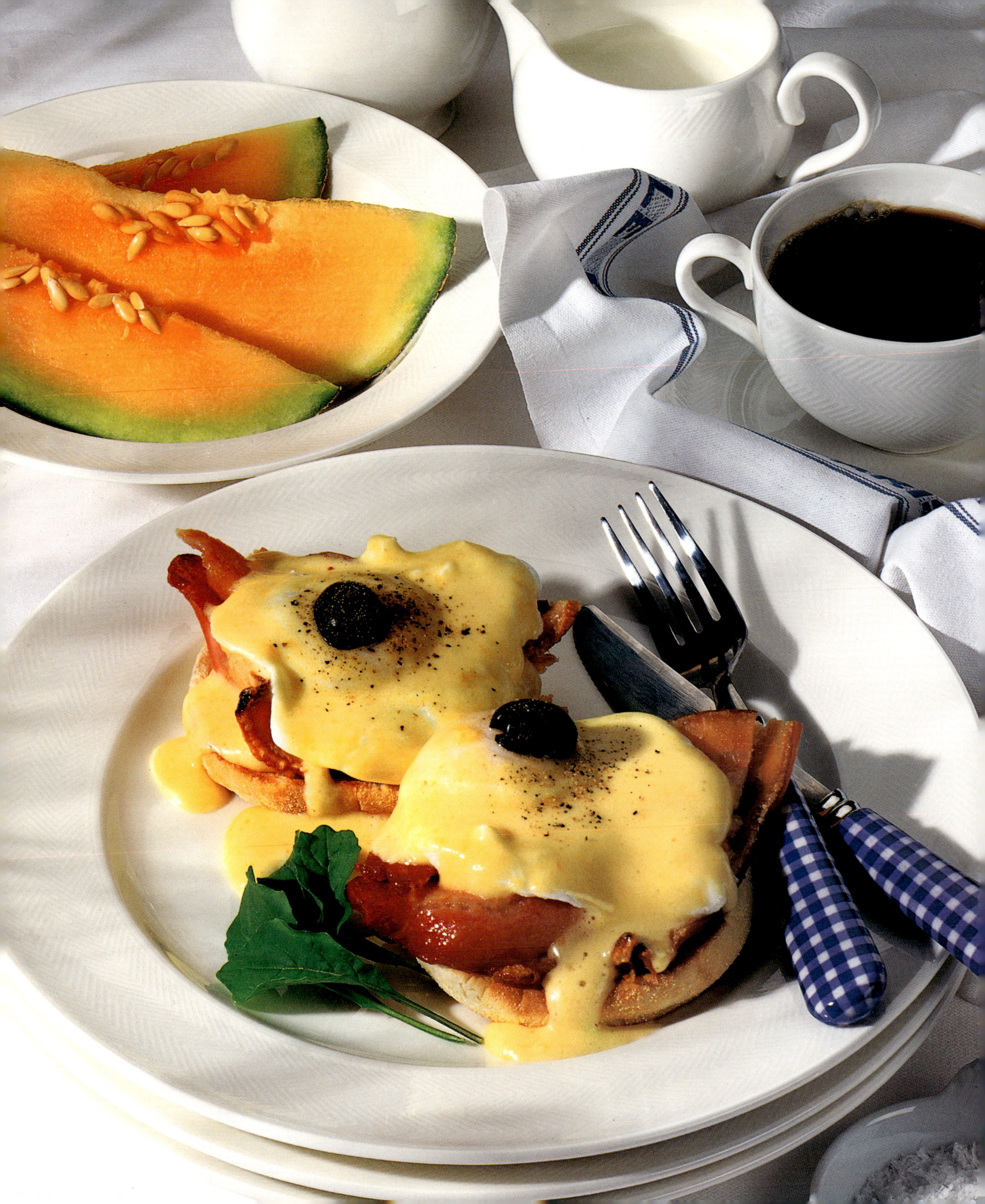

Huevos benedictinos

Bollos tostados rematados con bacon a la parrilla y huevos ligeramente escalfados, todo ello bañado en una rica salsa holandesa con sabor a mantequilla. Esta especialidad norteamericana es un placer para el desayuno o almuerzo.

Tiempo de preparación **25 minutos**
Tiempo total de cocción **10 minutos**
Para 4 personas

SALSA HOLANDESA
2 yemas de huevo
2 cucharadas de agua
90 g de mantequilla clarificada (vea Nota del chef), derretida
1/2 cucharadita de zumo de limón

8 lonchas de bacon sin la piel
4 bollos
3 cucharadas de vinagre
8 huevos
4 olivas negras deshuesadas partidas por la mitad o bien 8 rodajas de trufa

1 Para hacer la salsa holandesa, vea las Técnicas del chef de la página 63. Cubra la superficie con papel parafinado y manténgala caliente sobre una olla de agua tibia apartada del fuego.

2 Ase el bacon a la parrilla hasta que esté crujiente y ponga los bollos a tostar. Coloque el bacon sobre los bollos y manténgalos calientes.

3 Para hacer los huevos escalfados, ponga abundante agua en una cazuela grande poco profunda y llévela a ebullición. Baje la temperatura al mínimo y añada el vinagre. El agua debe estar hirviendo a fuego muy lento.

4 Casque los huevos uno a uno, échelos en una taza o cazo y de ahí al agua avinagrada de dos en dos o de tres en tres. Cocínelos durante unos 2 ó 3 minutos, para que la clara cuaje pero no llegue a endurecerse. Retire los huevos con cuidado empleando una espumadera y escúrralos bien.

5 Remate cada bollo con bacon y un huevo escalfado y cúbralos de salsa holandesa. Coloque una mitad de aceituna a modo de decoración y sírvalos en seguida.

Nota del chef Necesitará 170 g de mantequilla para conseguir 90 g de mantequilla clarificada. Derrítala a fuego lento en una sartén de fondo pesado sin remover ni agitar la cazuela. Desespume la superficie y pase la mantequilla clarificada a otro recipiente, dejando el sedimento blanquecino en el fondo de la sartén. Cúbralo y manténgalo refrigerado un máximo de 4 semanas.

Rösti con bacon

Esta receta permite utilizar restos de patatas ya cocinadas para elaborar unos bocaditos que constituyen un plato rápido y delicioso.

Tiempo de preparación 15 minutos
Tiempo total de cocción 45 minutos
Para 6 personas

500 g de patatas blancas grandes
4 lonchas finas de bacon sin la piel
2 cucharadas de aceite
25 g de mantequilla
1 cebolla cortada en aros finos

1 Precaliente el horno a 180°C. Raspe las patatas sin pelarlas y colóquelas en una olla. Cúbralas de agua, añada sal y llévelas a ebullición. Después baje el gas y déjelas hervir a fuego muy lento durante 10 minutos. Transcurridos éstos, escurra las patatas y déjelas enfriarse por completo. Mientras, ase el bacon en una sartén caliente y seca o a la parrilla. Retire las lonchas del fuego y córtelas en dados.

2 Pele las patatas y córtelas en palitos finos o bien utilice un rallador de agujeros gruesos. Colóquelas en un recipiente y añada el bacon. Caliente 1 cucharada de aceite en una sartén antiadherente grande y agregue también la mantequilla. Haga un sofrito con la cebolla hasta que esté blanda y transparente y añádala a la mezcla de patata y bacon. Sazone la preparación con sal y pimienta y remuévalo todo unos minutos.

3 Para hacer rösti individuales, ponga unas cucharadas del preparado en moldes cortapastas redondos colocados en una sartén ligeramente engrasada, o en cazoletas. Aplane la superficie con el dorso de una cuchara o una espátula. Cocine la pasta a fuego medio de 5 a 7 minutos, hasta que el fondo quede dorado. Déle la vuelta con una espátula con cuidado de no romper la patata y déjelo al fuego otros 5 minutos, hasta que quede crujiente.

4 Para hacer un rösti grande, coloque la preparación en una sartén refractaria antiadherente grande junto con media cucharada de aceite y cocínela a fuego vivo hasta que el fondo quede dorado. Pase la sartén al horno y sáquela a los 15 minutos para darle la vuelta al rösti con ayuda de un plato. Añada el resto del aceite si fuera necesario y hornéelo otros 10 minutos. Pase el rösti a un plato y sírvalo entero o cortado en porciones.

Nota del chef Si se prefieren rösti sencillos, sirva el bacon aparte como acompañamiento en lonchas crujientes.

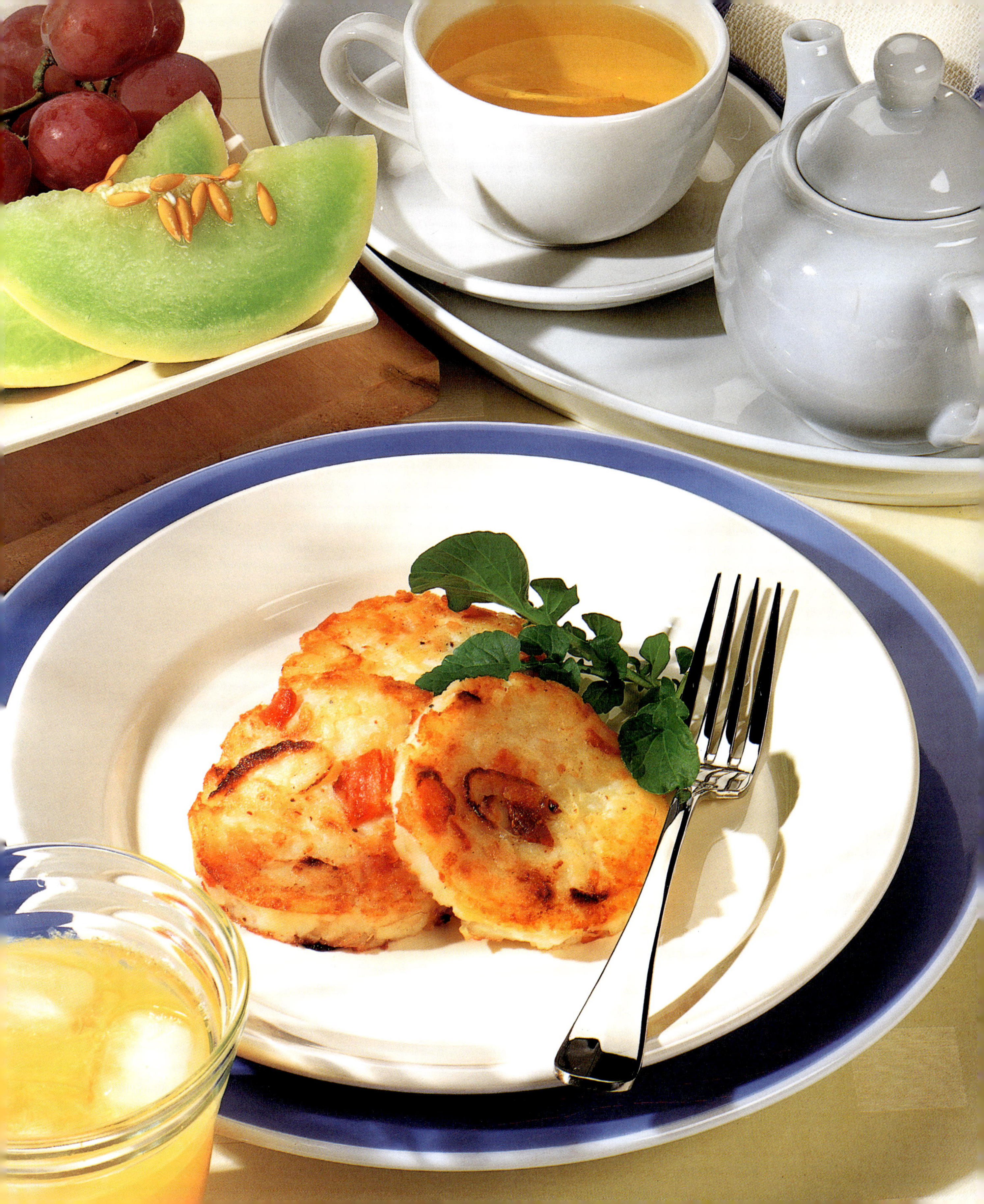

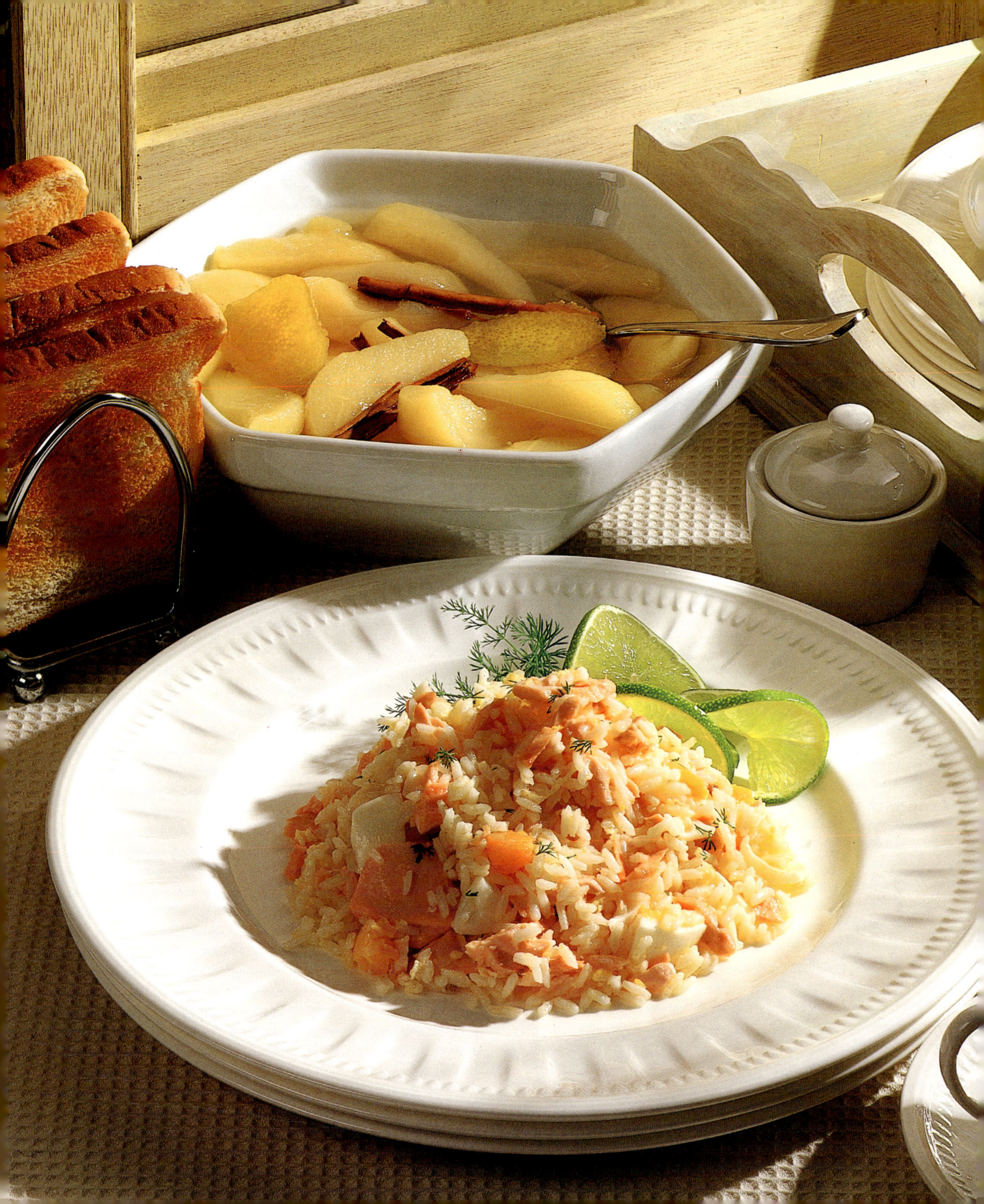

Kedgeree de salmón

Plato típico de pescado, huevos y arroz con una peculiaridad: el bacalao ahumado se sustituye por salmón y eneldo. Prepare los ingredientes el día anterior.

Tiempo de preparación **20 minutos**
Tiempo total de cocción **16 minutos**
Para 4 personas

2 huevos a temperatura ambiente
50 g de mantequilla
375 g de filetes de salmón cocinados y desmenuzados
250 g de arroz de grano largo, cocinado y bien escurrido
1 huevo batido
3 cucharadas de nata
1 ó 2 cucharaditas de eneldo fresco picado o unas ramitas de cebollino fresco para decorar

1 Hierva agua en una cazuela pequeña y acomode en ella los dos huevos con cuidado. Déjelos hervir a fuego lento 7 minutos, sáquelos con una cuchara y enfríelos en un bol con agua fría. Cásquelos mediante unos golpes secos con el dorso de una cuchara y pélelos. Píquelos en trozos gruesos y colóquelos en un plato. Las yemas deben estar ligeramente húmedas.
2 Derrita la mantequilla en una sartén, añada el salmón y sofríalo tan sólo 30 segundos. Agregue el arroz y el huevo desmenuzado y, empleando una pala de pescado, remuévalo a fuego vivo 2 minutos hasta que esté caliente. Los movimientos deben ser rápidos para mantener la mezcla suelta y evitar que el arroz forme una masa compacta.
3 Añada el huevo batido junto con la nata. Siga dándole vueltas de 3 a 5 minutos y remueva el fondo de la sartén hasta que el huevo cuaje. Sazónelo al gusto y páselo a una fuente de servir caliente. Decórelo con las hierbas.

Notas del chef Para obtener un resultado óptimo, el arroz debe estar lo más seco posible, por lo que es muy práctico cocinarlo la víspera, escurrirlo bien, cubrirlo y refrigerarlo.
Conviene que los huevos hervidos no estén duros del todo.

Masa básica para crêpes

Los crêpes suaves y esponjosos elaborados con esta masa pueden prepararse con antelación y guardarse en el frigorífico o bien congelarse para usos posteriores.

Tiempo de preparación 5 minutos + 30 minutos en reposo
Tiempo total de cocción 40 minutos
Para 12 crêpes

100 g de harina
1/2 cucharadita de sal
3 huevos ligeramente batidos
1 yema de huevo
175 ml de leche
25 ml de aceite o mantequilla clarificada derretida

1 Tamice la harina y la sal sobre un cuenco. Forme un hueco en el centro, ponga en él los huevos y la yema de huevo y mézclelo todo con una cuchara de madera o una espumadera; incorpore la harina poco a poco. Mezcle la leche con 75 ml de agua y añádala a la masa gradualmente hasta que toda la harina quede mezclada. Incorpore la mantequilla o aceite y remueva con energía hasta obtener una pasta espumosa. Cúbrala y déjela reposar a temperatura ambiente 30 minutos.
2 Derrita un poco de aceite o mantequilla clarificada en una sartén baja de fondo pesado de 19 cm hasta que humee. Retire el exceso de líquido para que quede una capa fina. Con un cazo o un cucharón, vierta en la sartén una pequeña cantidad de la mezcla, moviéndola en todas las direcciones para que el fondo quede cubierto con una fina capa. Cueza 1 ó 2 minutos, hasta que los lados esten dorados. Con un cuchillo de punta redondeada despliegue los lados para poder darle la vuelta y cocinarlo 1 ó 2 minutos más. Una vez listo, colóquelo sobre papel apergaminado.

Nota del chef Para conservarlos, apile los crêpes y envuélvalos en papel de aluminio. Colóquelos en una bolsa de plástico cerrada y guárdelos un día en la nevera o hasta 3 meses en el congelador. Descongélelos colocándolos en la parte baja del frigorífico 1 día antes de utilizarlos.

Rollos de crêpes con cerezas

Rollos de finos y esponjosos crêpes rellenos de cereza negra y realzados con limón, canela y Kirsch.

Tiempo de preparación 10 minutos
Tiempo total de cocción 10 minutos
Para 6–8 personas

masa para crêpes (vea la receta anterior)
2 latas de cerezas negras deshuesadas de 425 g
la ralladura de 1 limón
1 rama de canela ó 1/4 de cucharadita de canela en polvo
1 cucharada de fécula de maíz
50 g de azúcar glas
1 cucharada de Kirsch
30 g de mantequilla derretida
azúcar glas para espolvorear

1 Para preparar el relleno, escurra las cerezas y vierta el líquido en un cazo pequeño. Añádale la ralladura de limón junto con la canela y llévelo lentamente a ebullición. Retírelo del fuego. Coloque la fécula de maíz con un poco de agua en un bol para desleírla y riéguela con la mitad del jugo caliente. Mézclelo y viértalo en el cazo donde queda el resto de jugo, remuévalo todo y llévelo a ebullición. Baje el fuego, retire la rama de canela, añada las cerezas, el azúcar glas y el Kirsch y cocínelo a fuego lento hasta que las cerezas estén calientes.
2 Precaliente el horno a 160°C. Disponga en el centro de cada crêpe unas cucharadas de la mezcla de cerezas y enróllelos con cuidado. Acomódelos en una fuente refractaria uno al lado del otro, úntelos con la mantequilla derretida y caliéntelos en el horno 5 minutos. Espolvoree con azúcar glas.

Nota del chef Estos crêpes admiten rellenos muy variados. Pueden emplearse albaricoques o melocotones picados en lugar de las cerezas, y el amaretto también es un buen sustituto del Kirsch. Si los crêpes se han preparado con antelación y siguen estando fríos, recaliéntelos unos 10 minutos cubiertos con papel de aluminio.

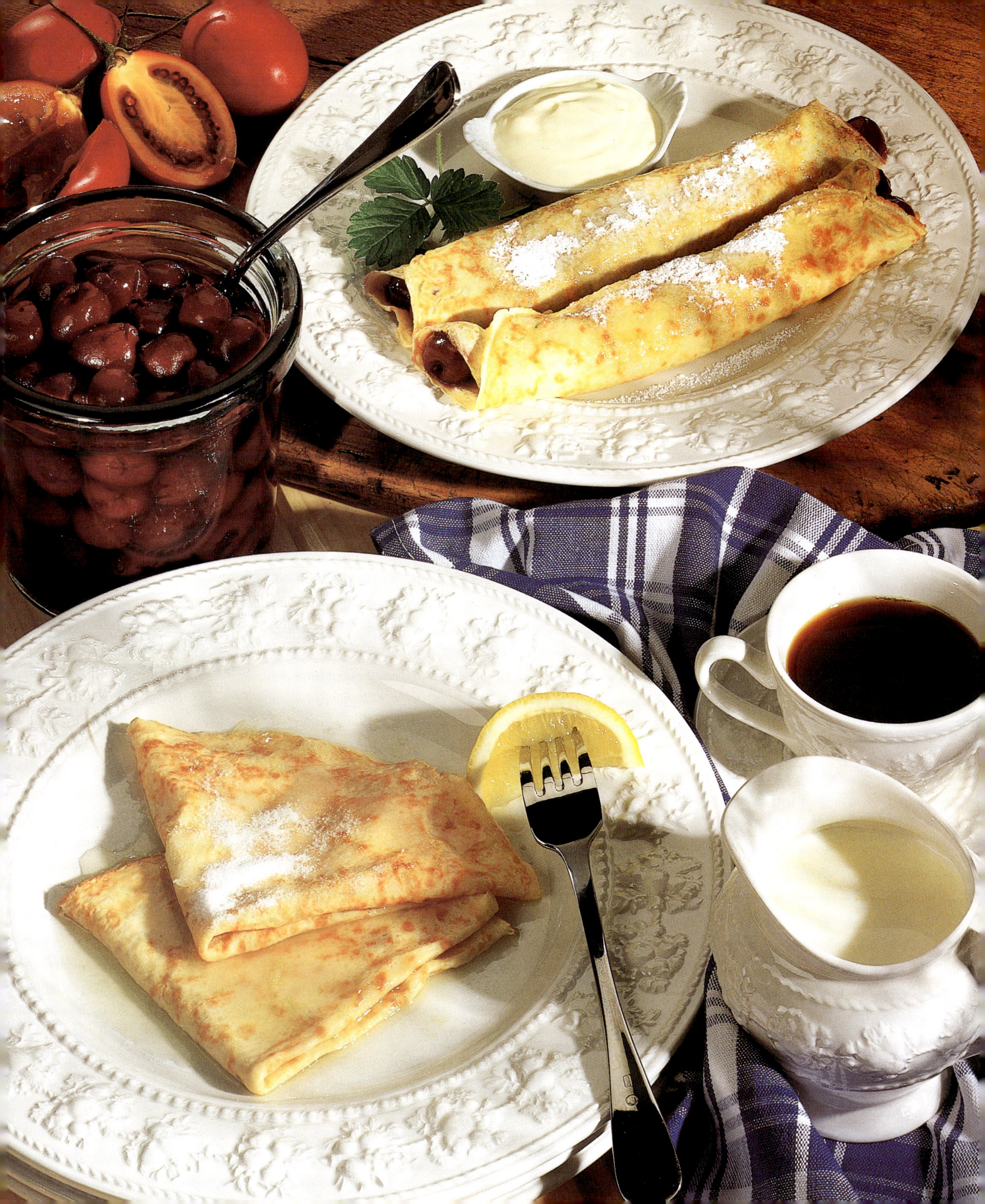

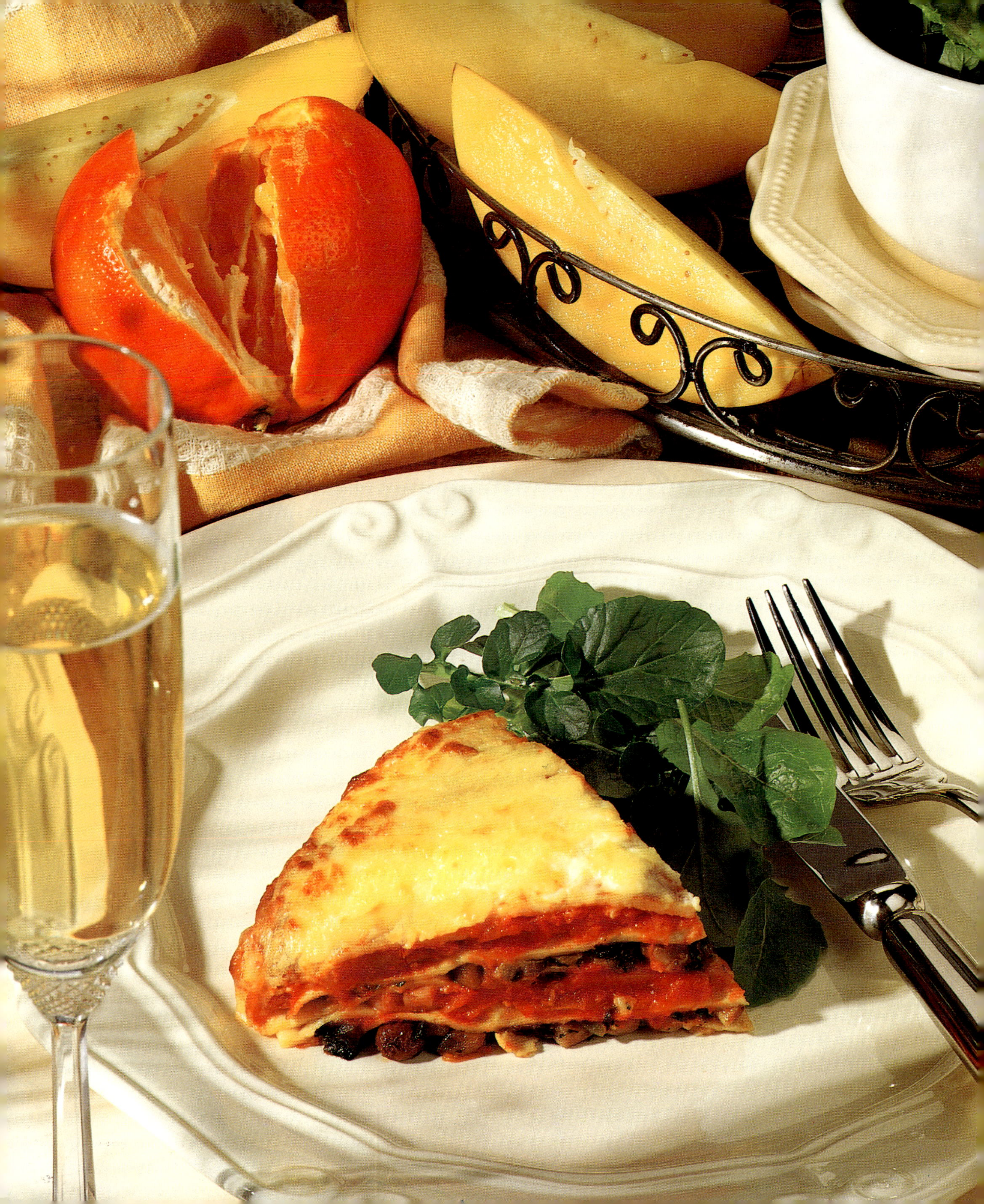

Timbal de crêpes

Este timbal puede prepararse la víspera, aunque la clara de huevo debe montarse y mezclarse con cuidado en el último momento. Puede experimentar creando rellenos propios para cada capa o incluso empleando restos.

Tiempo de preparación 25 minutos
Tiempo total de cocción 1 hora y 45 minutos
Para 4–6 personas

RELLENO DE TOMATE
30 g de mantequilla
1 escalonia finamente picada
1 cucharadita de pimentón
2 cucharaditas de puré de tomate
1 kg de tomates partidos por la mitad, sin semillas y cortados en dados
un pellizco de sal

RELLENO DE SETAS
30 g de mantequilla
1 escalonia finamente picada
120 g de setas planas picadas
1 cucharada de harina
3 cucharadas de leche
1 cucharada de perejil fresco picado
una pizca de nuez moscada

RELLENO DE JAMÓN
90 g de jamón picado fino (o picadillo de bacon cocido, salchichas o pollo)
1 cucharadita de mostaza francesa
1 cucharadita de chutney

20 g de mantequilla
3 cucharaditas de harina
220 ml de leche
1 huevo, separando la clara de la yema
45 g de queso cheddar rallado
1 cucharada de queso parmesano rallado
7 crêpes finos (vea página 16)

1 Para el relleno de tomate, derrita la mantequilla en una sartén, añada la escalonia, tape y deje sofreír de 4 a 5 minutos, o hasta que esté transparente. Espolvoree con el pimentón, mezcle y, tras un minuto, añada el puré de tomate y continúe removiendo a fuego lento otro minuto más. Agregue el tomate y el azúcar, sazone, y hierva a fuego muy lento unos 45 minutos, hasta que quede espeso. Cubra y deje aparte.

2 Para el relleno de setas, derrita la mantequilla en una sartén, añada la escalonia, tape y sofría de 4 a 5 minutos, o hasta que esté transparente. Añada las setas y cocínelas hasta que estén secas. Entonces retírelas del fuego e incorpore la harina y la leche. Póngalas de nuevo a fuego lento removiendo constantemente hasta que el líquido quede sin grumos y empiece a espesar. Suba la temperatura y siga removiendo. Baje el fuego para cortar el hervor. Hierva a fuego muy lento un minuto, retire del fuego e incorpore el perejil, la nuez moscada, la sal y la pimienta. Cubra y reserve.

3 Para el relleno de jamón, mezcle todos los ingredientes en un cuenco. Cubra y reserve.

4 Derrita la mantequilla en un cazo, y retírela del fuego para incorporar la harina. Mezcle un minuto. Vierta la leche, batiendo para que quede bien ligada, y ponga a fuego lento. Remueva constantemente hasta conseguir una mezcla homogénea. Cuando empiece a espesar, suba el fuego hasta que rompa a hervir y retire. Incorpore la yema de huevo y la mitad del queso cheddar y el parmesano. Sazone, cubra y reserve.

5 Precaliente el horno a 200°C. Mientras, unte con mantequilla una fuente refractaria de 25 a 28 cm de diámetro de base aproximadamente. Coloque un crêpe en la base y esparza la mitad del relleno de jamón por encima. Cubra con otro crêpe y esparza la mitad del relleno de setas, cubra con otro crêpe y esparza la mitad del relleno de tomate. Repita la operación con el resto de crêpes y rellenos, terminando con un crêpe encima.

6 Para acabar, monte la clara de huevo e incorpórela con sumo cuidado a la salsa. Cubra el timbal con unas cucharadas de salsa (que caerá un poco por los lados).

Bagels

Ya sea solos o espolvoreados con semillas de sésamo o de amapola, estos bollos de levadura fresca, característicos de la cocina judía, son deliciosos si se sirven calientes con mantequilla. La corteza dura y brillante se consigue hirviendo los bagels antes de cocinarlos al horno. Vea las instrucciones de la página 63 que acompañan a esta receta.

Tiempo de preparación **50 min. + 1 hora en fermentación**
Tiempo total de cocción **25 minutos**
Para 12 bagels grandes ó 24 más pequeños

30 g de levadura fresca ó 15 g de levadura en polvo
2 cucharadas de aceite
2 cucharaditas de sal
50 g de azúcar extrafino
500 g de harina de fuerza
1 huevo batido para glasear

1 Disuelva la levadura en 250 ml de agua tibia y añada después el aceite.

2 Mezcle la sal, el azúcar y la harina en un recipiente y haga un hueco en el centro. Añada la mezcla de levadura e incorpore la harina poco a poco hasta formar una pasta. Continúe trabajando la masa hasta que ésta se despegue con facilidad de los lados del cuenco. Amásela durante 10 minutos, haga una pelota y colóquela en el fondo del recipiente. Cúbrala con un paño húmedo y colóquela en un lugar caldeado de 30 a 45 minutos, hasta que haya doblado su volumen. Forre dos fuentes refractarias con papel parafinado.

3 Una vez la masa haya doblado su tamaño, amásela de 8 a 10 minutos hasta que pierda todo el aire, y divídala en 12 ó 24 porciones. Haga pelotas consistentes e introduzca el dedo para agujerear el centro, agrandando el agujero con suavidad hasta que la pasta se parezca a un donut. Acomode los bollos en una fuente enharinada, cúbrala con un paño húmedo y déjela reposar una segunda vez durante 15 minutos. Precaliente el horno a 200°C.

4 Mientras, hierva agua en un puchero. En cuanto rompa a hervir, baje el fuego y cocine los bagels un minuto por cada lado. Retírelos a continuación para pasarlos a las fuentes refractarias forradas de papel. Pinte cada bollo con huevo poco batido y hornéelos de 20 a 25 minutos, o hasta que estén dorados.

Nota del chef Una vez se han pintado con el huevo, los bagels pueden espolvorearse con semillas de sésamo o de amapola antes de hornearlos.

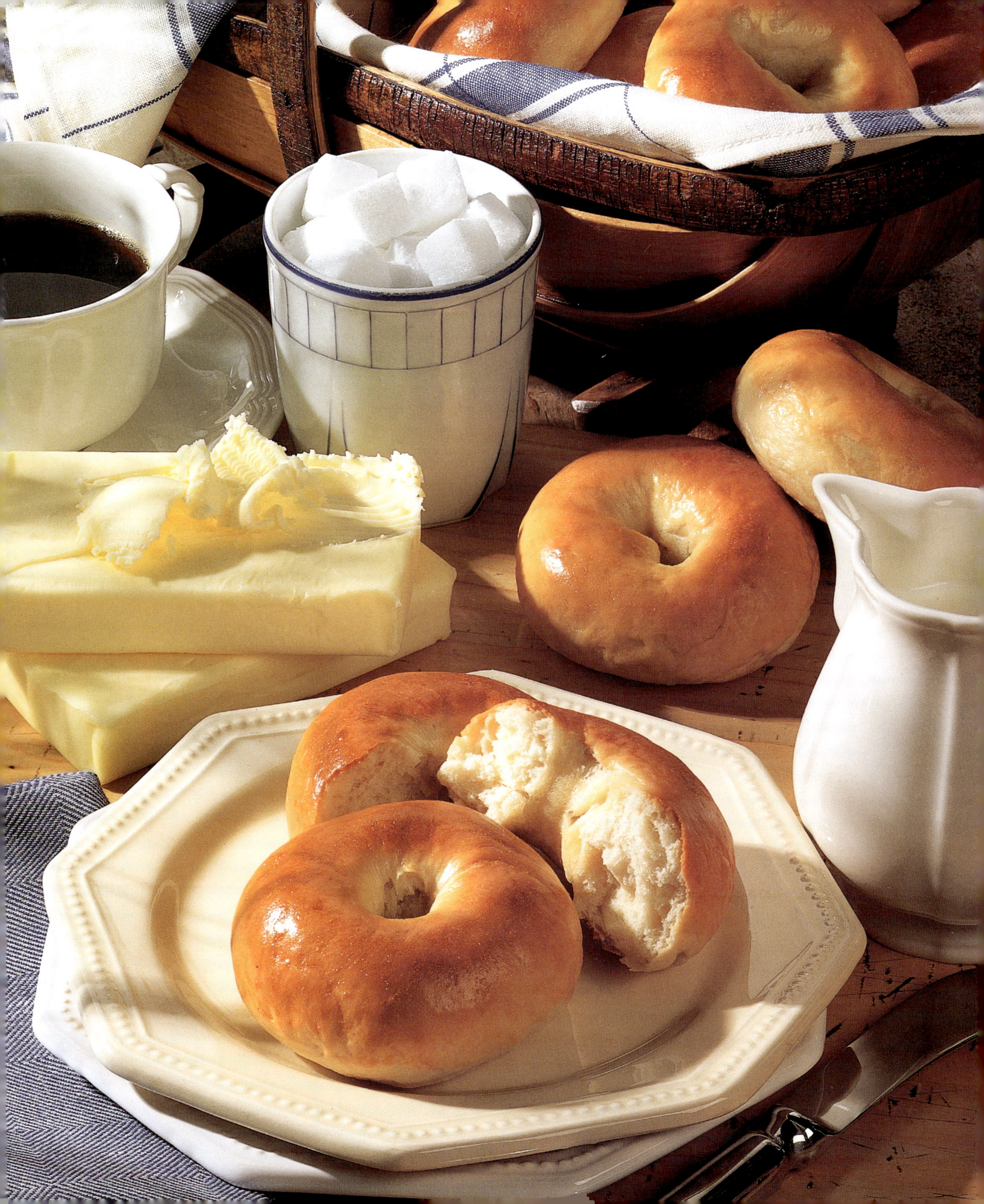

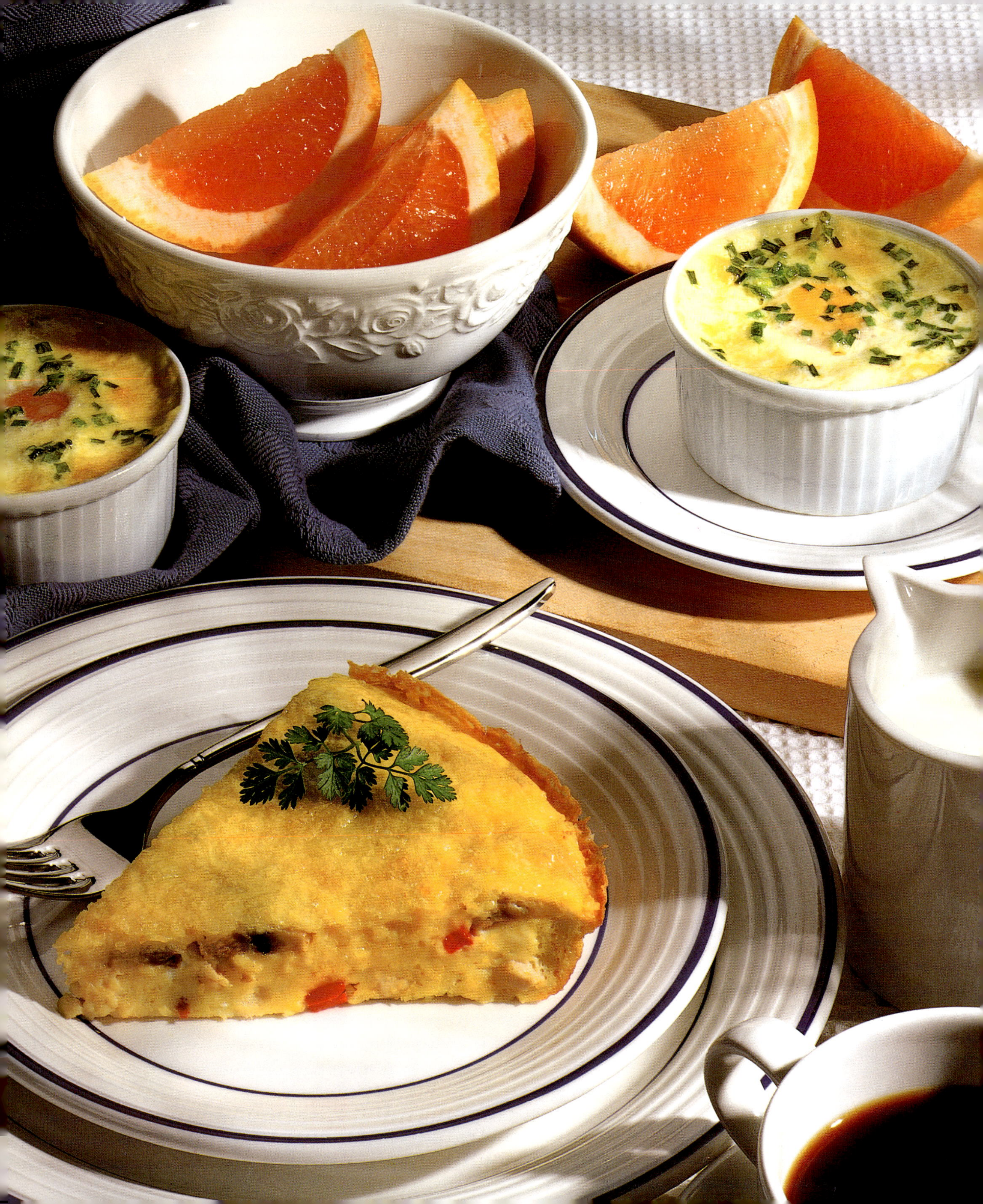

Huevos "cocotte" con trucha ahumada y puerros

Los huevos "cocotte" se cocinan al horno en pequeñas cazoletas colocadas al baño María. Constituyen un desayuno excelente, pero también están deliciosos servidos como primer plato.

Tiempo de preparación 15 minutos
Tiempo total de cocción 35 minutos
Para 4 personas

30 g de mantequilla
1 puerro pequeño cortado por la mitad y en láminas finas
185 g de trucha ahumada bien desmenuzada
120 ml de nata
4 huevos
3 cucharaditas de cebollino fresco cortado en ramitas

1 Derrita la mantequilla en una sartén. Añada el puerro, cúbralo y sofríalo a fuego lento 8 minutos, hasta que esté blando pero no dorado. Unte cuatro cazoletas refractarias de 8,5 x 4 cm de diámetro y de 150 ml de capacidad, o cuatro fuentes para soufflé con un poco de mantequilla derretida.
2 Retire el puerro del fuego y añada la trucha y un tercio de la nata. Sazone la mezcla, repártala en las cazoletas con una cuchara y déjela enfriar. Los cocottes pueden prepararse, hasta este paso, la víspera, cubrirse y dejarse en el frigorífico.
3 Precaliente el horno a 170°C. Con el dorso de una cuchara, haga una pequeña incisión en el centro de la mezcla de cada uno de los recipientes. Rompa un huevo en cada cocotte, ponga una cucharada de nata y espolvoréelo con sal y pimienta y dos cucharaditas de cebollino. Coloque las cazoletas en una fuente refractaria y añada suficiente agua para que cubra parcialmente los lados.
4 Cocínelas de 20 a 25 minutos, hasta que las claras estén cuajadas y la yema todavía un poco líquida. Disponga cada cocotte en un plato frío, espolvoréelo con el cebollino restante y sírvalo inmediatamente con pan tostado cortado a tiras y untado con mantequilla.

Frittata

A diferencia de la tortilla francesa, en la frittata italiana generalmente todos los ingredientes se mezclan con los huevos antes de cocinarse hasta alcanzar una textura bastante firme.

Tiempo de preparación 20 minutos
Tiempo total de cocción 30 minutos
Para 4–6 personas

120 g de pechuga de pollo sin piel
60 g de mantequilla
120 g de setas en láminas
2 dientes de ajo picados
1 pimiento rojo cortado en tiras cortas
10 huevos batidos y sazonados con sal y pimienta
120 g de gruyère o cheddar rallado

1 Precaliente el horno a 220°C.
2 Corte la pechuga de pollo en dados de un centímetro y sazónelos con sal y pimienta. Derrita la mantequilla en una sartén refractaria a fuego moderado. Una vez se haya derretido, fría el pollo durante 2 ó 3 minutos, hasta que esté ligeramente dorado.
3 Añada las setas y cocine otros 5 a 7 minutos, hasta que se haya evaporado el líquido. Agregue el ajo y el pimiento rojo, sazone con sal y pimienta y cúbralo. Baje la temperatura y deje el preparado a fuego lento de 5 a 8 minutos, hasta que el pimiento esté blando.
4 Añada los huevos batidos y remueva para distribuir bien los ingredientes. Siga removiendo durante 2 ó 3 minutos, hasta que los huevos empiecen a cuajar.
5 Espolvoree los huevos con el queso y pase la sartén al horno de 5 a 8 minutos, hasta que el queso se haya fundido y los huevos estén bien cocidos. Sáquelo del horno y pase la frittata a un plato. Sírvala cortada en porciones.

Huevos "cocotte" con trucha ahumada y puerros (arriba) y Frittata

Granizado de café con panna cotta

Una dulce granita que sabe a café con unas cremosas natillas italianas son un refrescante comienzo del día.

Tiempo de preparación **1 hora** *+una noche en el frigorífico*
Tiempo total de cocción **20 minutos**
Para 4 personas

235 g de azúcar extrafino
15 g de café instantáneo torrefacto
30 ml de licor de café, opcional
4 láminas de gelatina ó 2 cucharaditas de gelatina en polvo
2 vainas de vainilla cortadas a lo largo
250 ml de leche
250 ml de nata espesa

1 Hierva a fuego muy lento 175 ml de agua con 175 g del azúcar en una cazuela durante 10 minutos. Mezcle el café con un poco de agua y añádalo a la cazuela. Déjelo enfriar.
2 Añada 500 ml de agua y el licor. Vierta en un recipiente de plástico o metal poco profundo y congele un día entero.
3 Ponga las láminas de gelatina en remojo una a una con suficiente agua para cubrirlas o, si emplea gelatina en polvo, disuélvala en 2 cucharadas de agua caliente. Eche semillas de vainilla a la cazuela y añada las vainas, la leche, la nata y el azúcar restante. Llévelo todo a ebullición, escúrralo y páselo a un recipiente procurando retirar las vainas de vainilla.
4 Añada la gelatina a la mezcla de leche caliente (si utiliza láminas, escurra antes el agua sobrante), y remuévala para desleírla. Coloque el recipiente en un cuenco de agua fría y remueva hasta que la gelatina empiece a cuajar (al pasar una cuchara por la mezcla, quedará una línea marcada en la base del recipiente). En 4 moldes de 100 ml de capacidad, vierta la mezcla y déjela reposar una noche en el frigorífico.
5 Media hora antes de servir, refrigere cuatro platos y desmolde la panna cotta con un paño caliente. Con una cuchara de metal raspe la superficie de la granita para formar copos; sírvalos junto a la panna cotta.

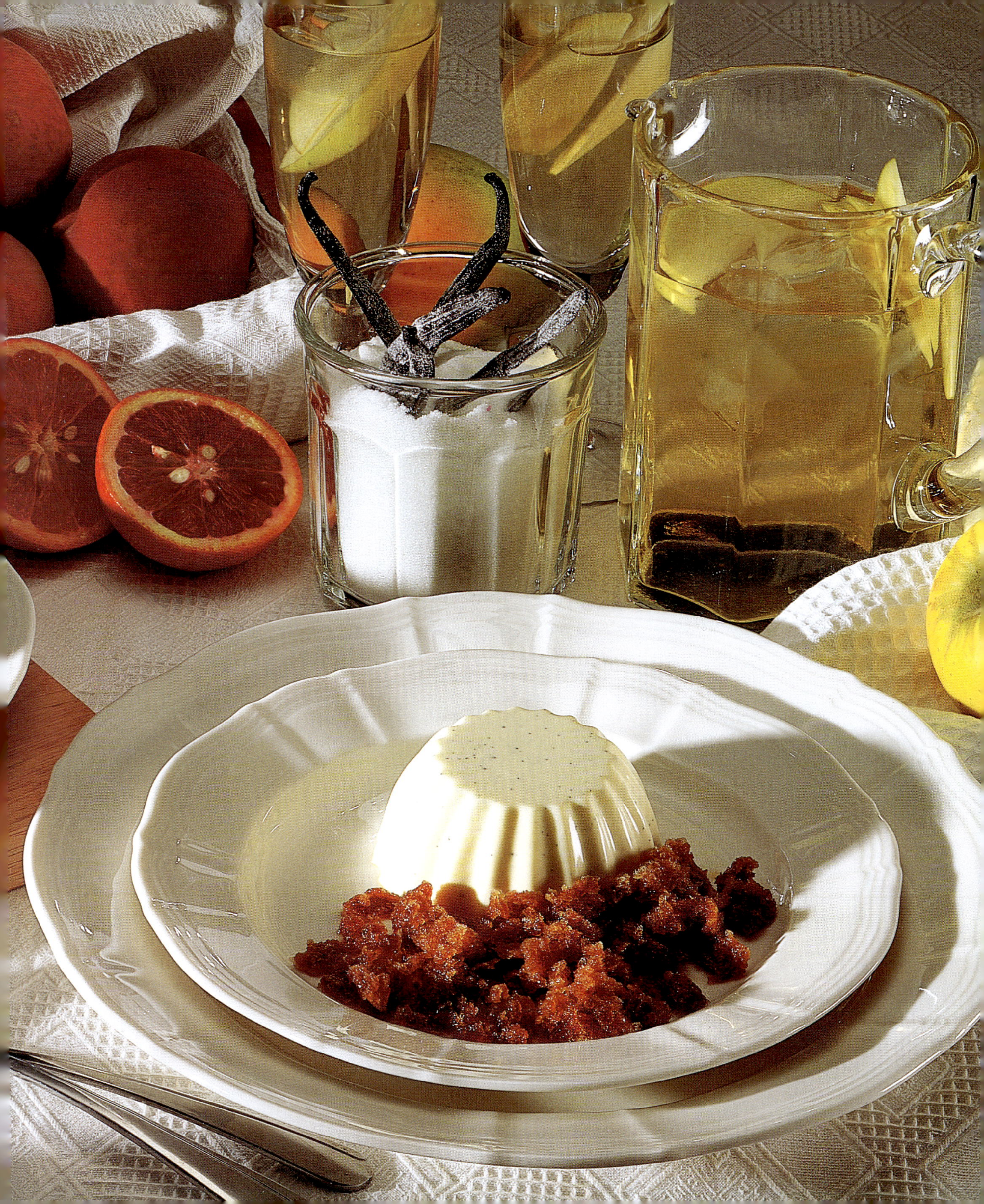

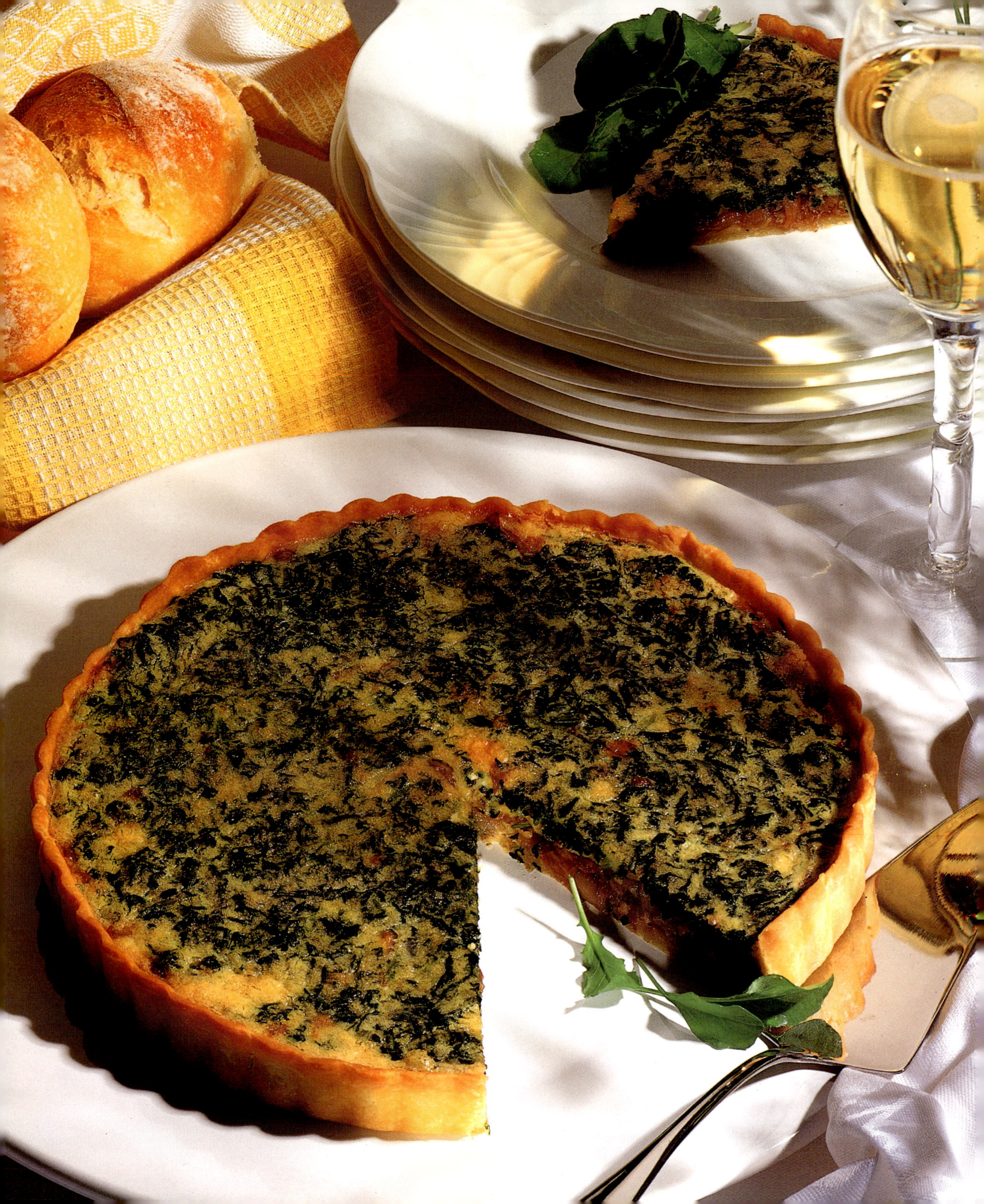

Quiche de cebolla caramelizada, espinacas y queso azul

Esta deliciosa combinación de verduras con queso azul y un toque de nuez moscada constituye el relleno ideal para un quiche vegetariano.

Tiempo de preparación 30 min. + 50 min. en el frigorífico
Tiempo de cocción total 1 hora y 45 minutos
Para 4 personas

PASTA
200 g de harina
1 cucharadita de sal
100 g de mantequilla recién retirada del frigorífico y cortada en dados
1 huevo ligeramente batido

RELLENO
2 cucharadas de aceite vegetal
500 g de cebollas cortadas en aros finos
1 cucharadita de azúcar blanquilla
100 ml de vino tinto
50 g de mantequilla
250 g de espinacas congeladas, descongeladas y bien escurridas
una pizca de nuez moscada
200 ml de nata espesa
200 g de queso azul fuerte, por ejemplo roquefort o stilton
4 huevos batidos

1   Unte un molde de fondo extraíble de 24 x 3,5 cm con la mantequilla. Tamice la sal junto con la harina, añada la mantequilla y vaya amasando la harina con el pulgar y las yemas de los dedos hasta que quede incorporada a la mantequilla y forme una pasta que se asemeje al pan rallado fino. Haga un hueco en el centro de la masa y vierta el huevo junto con 2 cucharaditas de agua. Incorpore la mezcla de harina poco a poco y trabájelo todo bien hasta formar una pelota. Estire la masa sobre una superficie enharinada y amásela unos 20 segundos para que quede homogénea. Cúbrala con film transparente y déjela reposar en el frigorífico unos 20 minutos.

2   Extienda la masa con un rodillo sobre una superficie enharinada hasta formar una circunferencia de unos 3 mm de grueso. Enrolle la mitad en el rodillo y pásela a la fuente, ajustándola a los bordes con una pequeña bolita de la masa restante ligeramente enharinada. Corte la pasta que sobresalga con un cuchillo afilado o bien pase el rodillo por los bordes de la fuente. Déjela reposar en el frigorífico una media hora. Precaliente el horno a 180°C.

3   Corte una circunferencia de papel parafinado 3 cm más ancha que la fuente, forme una bola para ablandarla y vuelva a abrirla. Coloque la masa en el interior, de manera que salga por los lados. Rellene con alubias secas o arroz para evitar que se formen burbujas al cocer la pasta, apriete con suavidad y hornéela durante 10 minutos, hasta que quede consistente. Saque las alubias o arroz y retire el papel. Vuelva a colocar la pasta en el horno de 5 a 10 minutos más. Déjala enfriar. Suba la temperatura del horno a 190°C.

4   Para elaborar el relleno, caliente el aceite en una cazuela grande y sofría la cebolla 8 minutos hasta que quede transparente. Suba el gas, añada el azúcar y deje la mezcla al fuego de 5 a 10 minutos, hasta que la cebolla empiece a caramelizar. A continuación, vierta el vino y déjelo cocer todo hasta que el líquido se haya evaporado y la cebolla quede blanda. Sazónelo con sal y pimienta, retírelo del fuego y déjelo aparte.

5   En la cazuela, derrita la mantequilla, añada las espinacas y fríalo todo a fuego vivo removiendo constantemente hasta que las espinacas estén completamente secas y no suelten líquido al presionarlas con una cuchara, pues si lo tuvieran ablandarían el quiche en exceso. Sazónelo con sal, pimienta y nuez moscada, páselo todo a una tabla y píquelo muy fino.

6   Caliente a fuego lento la nata y el queso en una cazuela, removiendo hasta fundirlo, pero sin hervir. Sazone y deje enfriar antes de añadir los huevos. Cubra el fondo del estuche de pasta con la cebolla, seguido de las espinacas, allane con cuidado la superficie sin apelmazar el quiche, vierta la mezcla de nata y hornéelo durante media hora; reduzca la temperatura a 160°C y cueza otros 20 minutos. Sirva caliente.

Bolsitos de brie con peras y almendras

Tenemos aquí un plato sofisticado de almuerzo que puede servirse con tomates a la parrilla, berros o una ensalada verde. También podría constituir un elegante primer plato para las grandes ocasiones.

Tiempo de preparación 25 min. + 30 min. de refrigeración
Tiempo total de cocción 15 minutos
Para 4 personas

✣ ✣

120 g de almendras enteras blanqueadas
1 pera grande ó 2 pequeñas, peladas y cortadas en láminas finas
30 ml de vinagre balsámico o de estragón
250 g de brie bien fermentado
12 láminas de pasta filo
150 g de mantequilla fundida

1 Precaliente la parrilla a temperatura alta. Pase las almendras por un robot de cocina 30 segundos, hasta conseguir una pasta parecida al pan rallado muy fino. Colóquelas en una bandeja y llévelas a la parrilla para tostarlas. Esta operación es muy rápida por lo que conviene no quitar el ojo de las almendras mientras están tostándose. Sazónelas con sal y pimienta.

2 Disponga las láminas de pera en un bol y rocíelas con vinagre, remuévalas y déjelas aparte. Corte el brie por la mitad para obtener dos trozos planos de buen tamaño con corteza a un lado de cada uno de ellos. Coloque una de las mitades sobre una superficie de trabajo, con la corteza hacia abajo, y ponga las rodajas de pera sobre el queso de manera que lo cubran por completo. Es posible que sea preciso hacer varias capas hasta usar todas las láminas de pera. Rocíelo con el vinagre restante, sazónelo con sal y pimienta y coloque la otra mitad del brie encima, de manera que la corteza quede en la superficie y los bordes estén igualados. Envuelva el queso con film transparente bien apretado y déjelo en el frigorífico un mínimo de media hora. Cuando esté bien frío, córtelo en ocho trozos iguales y rebócelos con las almendras tostadas cuidando de no desmontar las porciones.

3 Precaliente el horno a 220°C. Unte una lámina de pasta filo con la mantequilla fundida, cúbrala con otra lámina, vuelva a untar, y añada una tercera lámina. Corte la pasta en dos cuadrados de 20 cm y deseche la masa sobrante. Coloque una porción del brie en el centro de cada cuadrado y recoja los lados cerrándolos como un paquete y aplastando la pasta con los dedos para conseguir un "efecto cordón". Unte las bolsitas con un poco de mantequilla. Repita la misma operación con el resto de la pasta y del brie, asegurándose de que el queso está bien refrigerado, pues de lo contrario se fundiría demasiado deprisa. Cuando tenga todos los bolsitos preparados, acomódelos sobre una bandeja untada de mantequilla y hornéelos durante 10 minutos, hasta que estén dorados. Sírvalos inmediatamente.

Nota del chef Se pueden emplear albaricoques maduros cortados en láminas o uvas peladas y despepitadas en lugar de las peras, o, si se dispone de poco tiempo, puede omitirse tanto la fruta como el vinagre y extender 2 cucharadas de chutney por encima del queso.

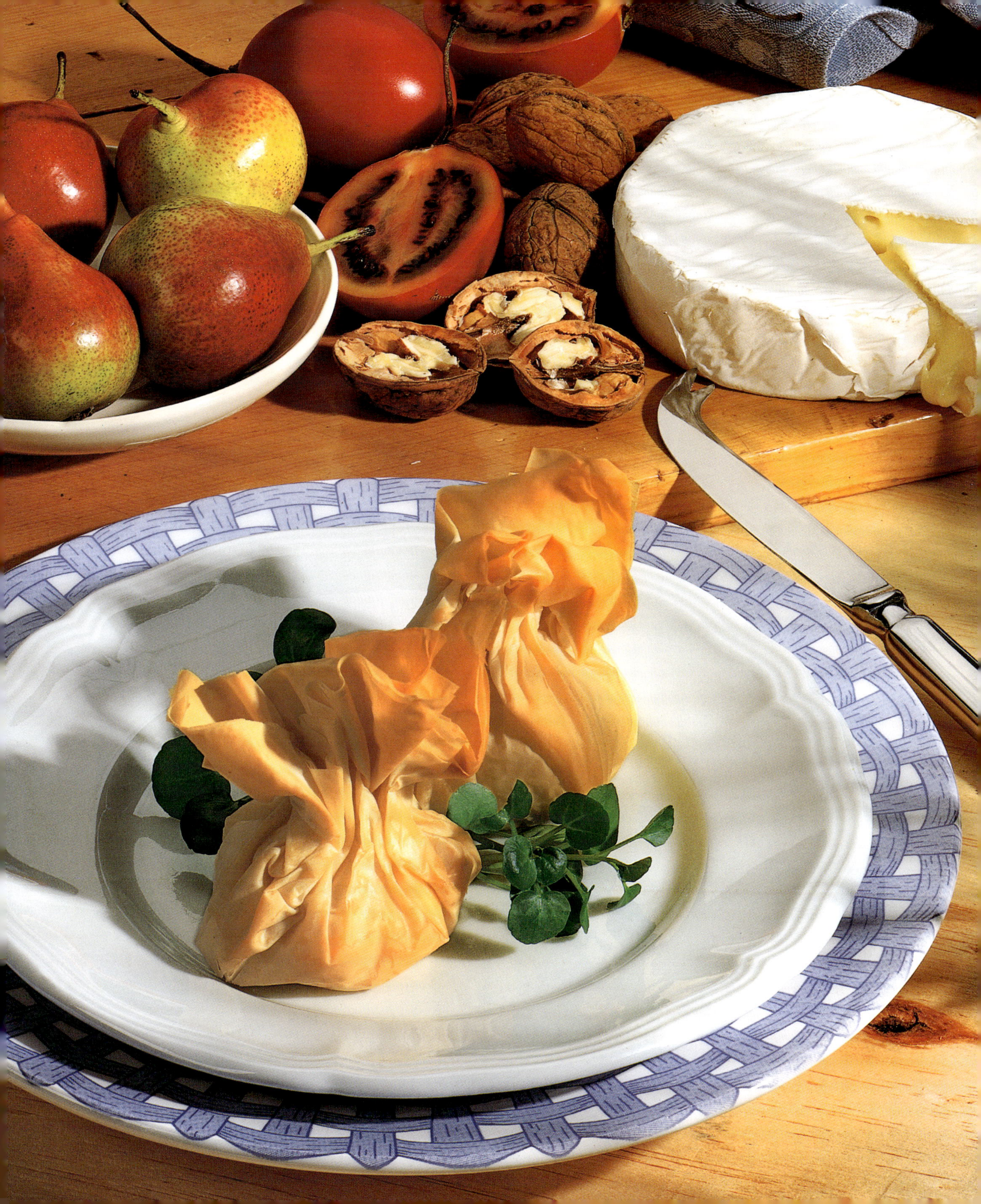

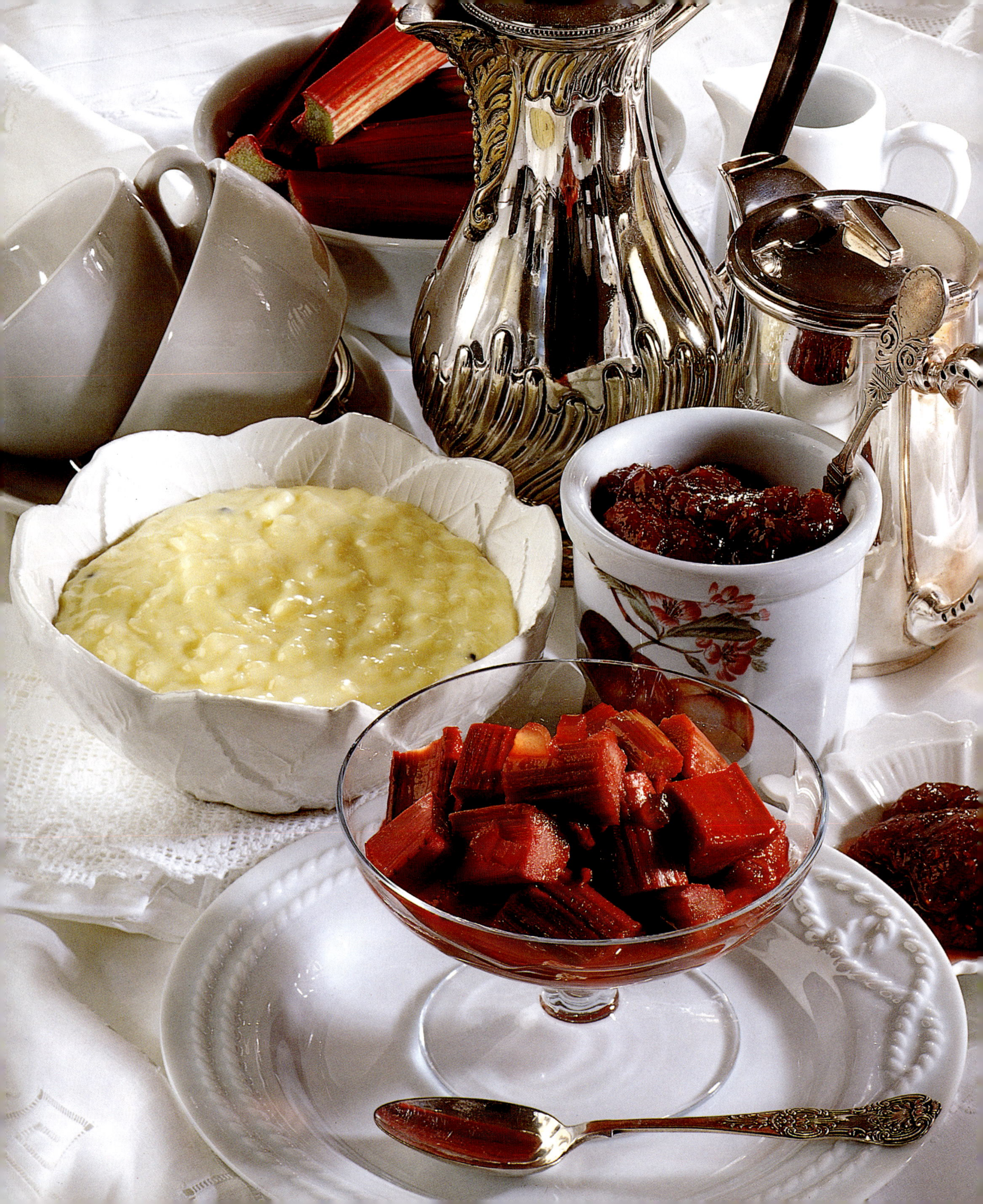

Arroz con leche oriental

El cardamomo le da un toque oriental a este cremoso arroz con leche. Puede servirse acompañado de la conserva de higos con especias de la página 51.

Tiempo de preparación **5 minutos**
Tiempo total de cocción **25 minutos**
Para 4 personas

las semillas de 4 vainas de cardamomo machacadas
400 ml de nata
400 ml de leche
75 g de azúcar
75 g de arroz redondo ordinario

1 Mezcle las ramas de cardamomo machacadas, la nata y la leche en una cazuela mediana. Lleve la mezcla a ebullición, retírela del fuego, déjela enfriar ligeramente y añada el azúcar y el arroz removiendo bien. Esta preparación puede guardarse en la nevera un día o bien cocinarse enseguida.
2 Hierva el preparado de arroz, baje el fuego y vaya removiendo constantemente a medida que va espesándose de 20 a 25 minutos, hasta que el arroz esté en su punto y el líquido esté cremoso. El pudding debe tener una consistencia suave y semilíquida de forma que al pasar una cuchara por la cazuela, el fondo se vea por un momento antes de quedar completamente cubierto de nuevo. Recuerde que el arroz seguirá espesándose ligeramente una vez retirado del fuego. Sírvalo con frutos secos o conserva de frutas.

Ruibarbo estofado con jengibre

Esta compota de sabor fuerte queda realzada por el color y sabor de la gelatina de grosella roja, y el jengibre le da un toque picante especial.

Tiempo de preparación **10 minutos**
Tiempo total de cocción **20 minutos**
Para 4 personas

3 cucharadas de gelatina de grosella roja
1 kg de ruibarbo
30 g de jengibre escarchado picado fino
un poco de azúcar

1 En un cuenco pequeño, bata la gelatina con una cuchara hasta conseguir una masa sin grumos, pásala a una cazuela ancha y añada 4 cucharadas de agua.
2 Corte las hojas y la base de los tallos del ruibarbo y deséchelas. Corte los tallos en rebanadas de 2,5 cm y póngalas en la cazuela en una sola capa.
3 Llévelas a ebullición y baje el fuego. Cubra la cazuela con una tapa o papel de aluminio y déjela al fuego de 10 a 15 minutos, hasta que el ruibarbo esté blando pero los trozos sigan enteros. Ponga especial atención en cocerlo a fuego muy lento para evitar que el ruibarbo forme una pasta.
4 Pase el ruibarbo a un cuenco, añada el jengibre y pruébelo. Puede necesitarse un poco de azúcar dependiendo del grado de acidez del ruibarbo. Déjelo enfriar ligeramente y sírvalo caliente o, si lo prefiere, puede prepararlo el día anterior y guardarlo en el frigorífico.

Nota del chef La acidez del ruibarbo puede variar de forma considerable, de manera que la cantidad de azúcar de esta receta sólo es orientativa y puede añadirse tanto como se requiera. Sírvase solo o bien acompañado de yogur espeso.

Arroz con leche oriental (arriba izquierda)
y Ruibarbo estofado con jengibre

Pasta de hojaldre con espárragos y champiñones en salsa cremosa

Un plato ideal para el almuerzo: pasta crujiente rellena de sabores sutiles unidos armoniosamente en una salsa cremosa.

Tiempo de preparación 30 min. + 20 min. refrigeración
Tiempo total de cocción 25 minutos
Para 6 personas

15 espárragos eliminando la parte dura
375 g de pasta de hojaldre
1 huevo batido
45 g de mantequilla
30 g de harina
250 ml de leche
60 ml de nata líquida o crema de leche
250 g de champiñones pequeños o planos, cortados en láminas gruesas
mantequilla fundida para untar

1 Lleve a ebullición una cazuela de agua con sal. Eche los espárragos y déjelos hervir durante 4 minutos, hasta que estén blandos. Retírelos de la cazuela y páselos a un bol con agua fría, escúrralos bien y déjelos aparte.

2 Extienda la pasta sobre una superficie ligeramente enharinada hasta formar un rectángulo de unos 20 x 30 cm de superficie y 5 mm de grosor. Con un cuchillo afilado grande, recorte los lados para que queden homogéneos y corte la pasta en dos tiras largas. A continuación, divida las tiras en tres rombos o cuadrados. Acomódelos en una bandeja refractaria húmeda de modo que no lleguen a tocarse y déjelos en la nevera durante 20 minutos.

3 Entretanto, precaliente el horno a 200°C. Pinte la superficie de la pasta con el huevo batido, pero sin pintar los lados para evitar que el huevo cuaje e impida que la pasta suba. Con un cuchillo fino, dibuje estrías entrecruzadas en la superficie de las pastitas a modo de decoración y hornéelas unos 10 minutos, o hasta que hayan subido y estén crujientes y doradas. Abralas por la mitad con un cuchillo afilado, y retire la pasta que haya quedado blanda.

4 En una cazuela de tamaño mediano, derrita 30 g de la mantequilla, añada la harina y deje que la mezcla se cocine a fuego lento 1 minuto. Retírela del fuego, agregue la leche y mézclela bien con una cuchara de madera o una espumadera. Póngala a fuego medio-bajo, removiendo con energía hasta que rompa a hervir, entonces baje la temperatura y cuézala a fuego muy lento durante 2 minutos. Añada la nata líquida y remuévalo todo otro minuto. Retírelo del fuego y cúbralo con papel de aluminio. En una cazuela ancha, derrita el resto de la mantequilla y vierta los champiñones; saltéelos a fuego medio 2 minutos, hasta que estén cocidos. Corte las cabezas de los espárragos en tiras de 6 centímetros y resérvelas. Corte el resto de los tallos blandos en tiras de 2 cm y añádalas a la salsa junto con los champiñones; mézclelo todo.

5 Para juntar las mitades de pasta de hojaldre, ponga unas cucharadas de la salsa caliente en las seis pastas y coloque las puntas de los espárragos encima. Untelas con un poco de mantequilla derretida y tápelas con la parte de arriba. Caliéntelas en el horno a 160°C durante 5 minutos antes de servirlas.

Notas del chef La pasta puede cocinarse, abrirse y limpiarse el día anterior. Luego basta con recalentarla en un horno caliente antes de rellenarla.

Puede sobrar un poco del relleno de champiñones, dependiendo del tamaño de los espárragos utilizados. Resulta delicioso con pan tostado como entrante o aperitivo.

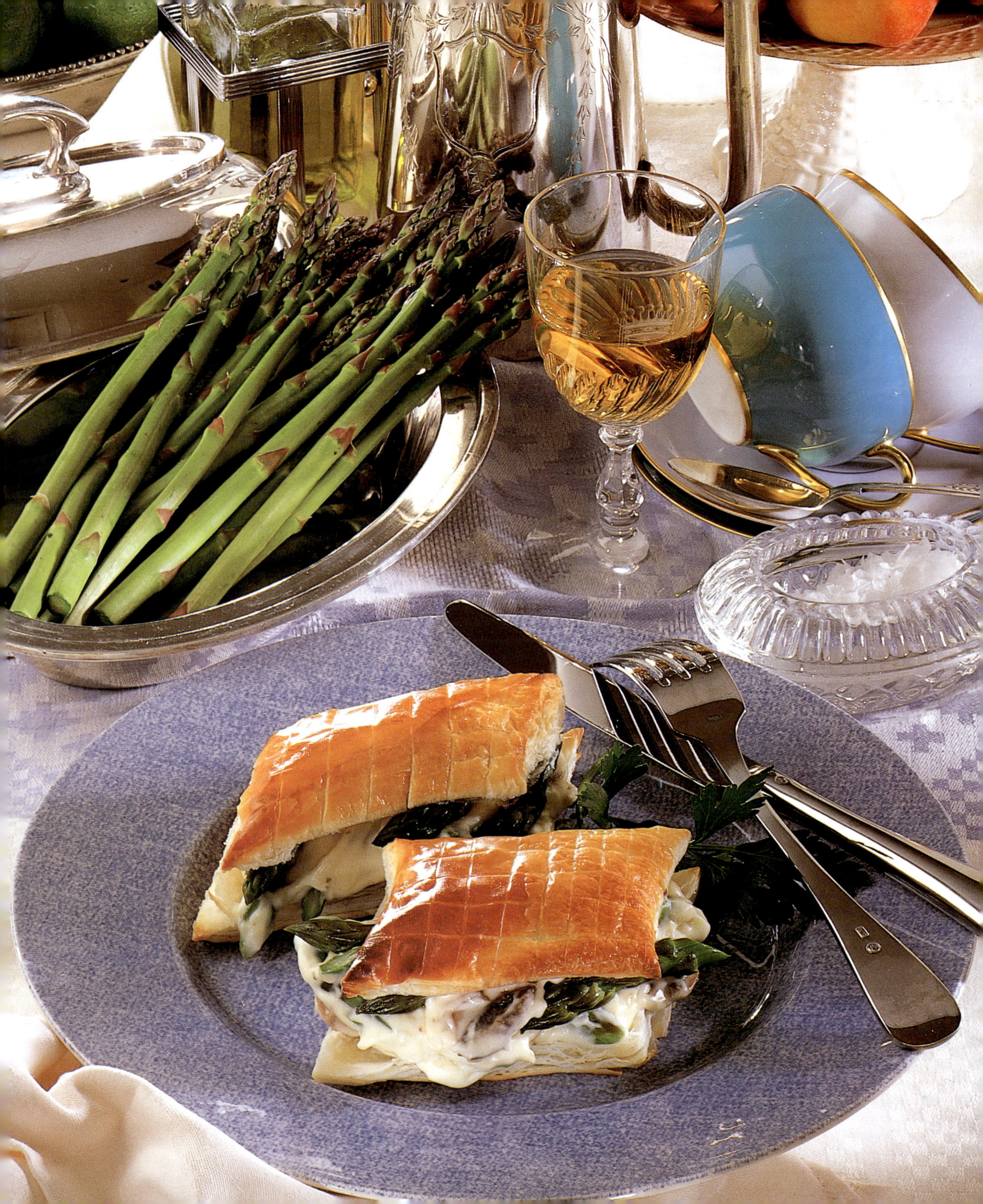

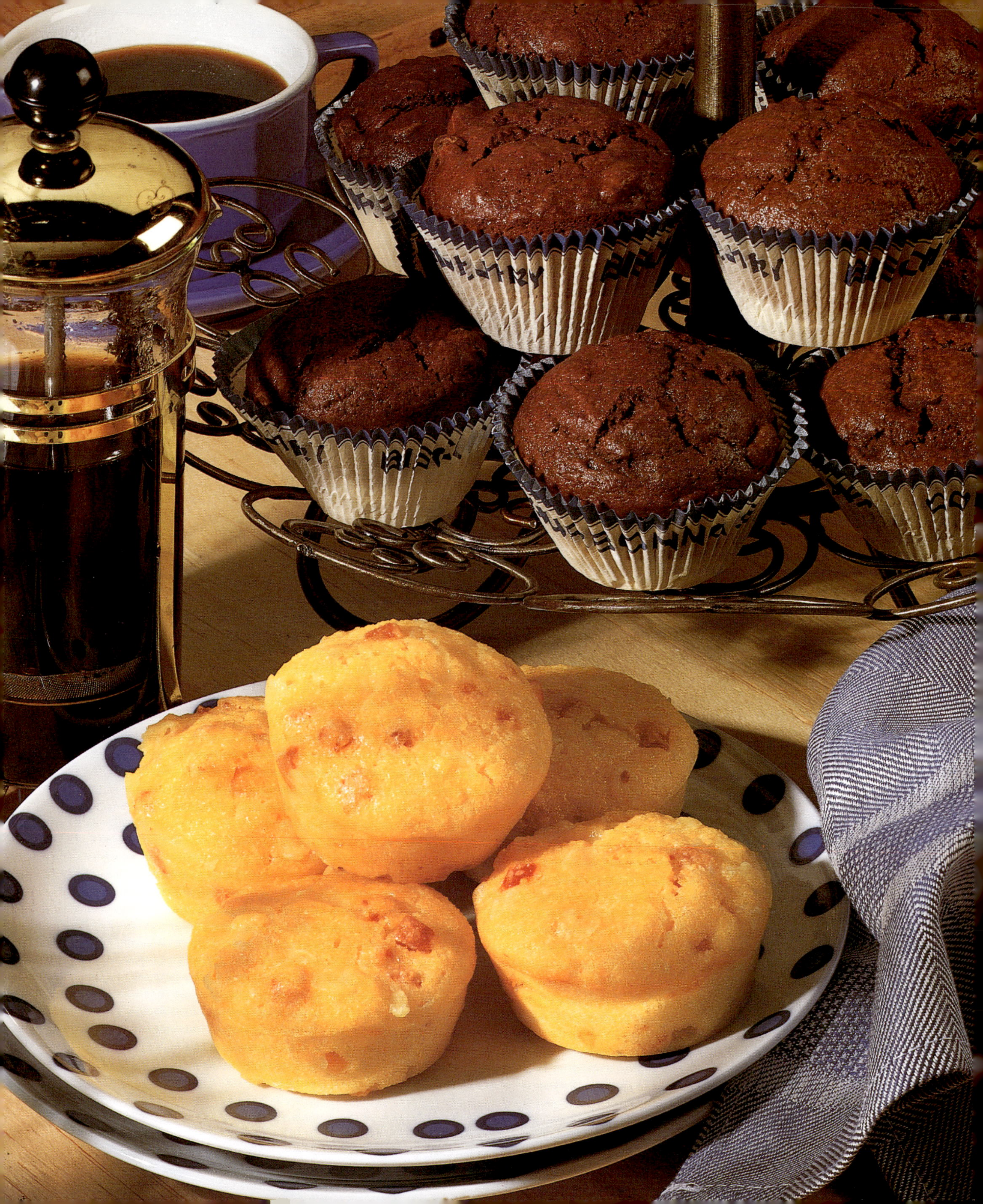

Magdalenas de chocolate

Estas magdalenas se congelan sin problemas. Déjalas enfriar antes de guardarlas en recipientes de plástico un máximo de 3 meses. Antes de servir, se descongelan a temperatura ambiente y se calientan un poco.

Tiempo de preparación **10 minutos**
Tiempo total de cocción **25 minutos**
Para 12 magdalenas

210 g de harina
40 g de cacao en polvo
150 g de azúcar
2 cucharaditas de levadura
250 ml de leche
60 g de mantequilla derretida
1/4 de cucharadita de extracto o esencia de vainilla
120 g de pepitas de chocolate fondant

1 Precaliente el horno a 180°C. Prepare una bandeja de 12 magdalenas untándola con mantequilla o bien forrándola con moldes de papel.
2 Tamice la harina, el cacao, el azúcar, la levadura y una pizca de sal sobre un cuenco.
3 En un recipiente pequeño, mezcle la leche, la mantequilla derretida y la vainilla.
4 Haga un hueco en el centro de la mezcla de ingredientes secos y vierta el líquido. Remueva hasta que la leche se haya mezclado y la pasta quede todavía grumosa.
5 Añada las pepitas de chocolate con cuidado mezclando con un cuchillo. Disponga la mezcla en la bandeja previamente preparada, llenando cada molde en sus tres cuartas partes. Llévela al horno de 20 a 25 minutos, hasta que al insertar un palillo en el centro de una magdalena, éste salga limpio. Desmolde las magdalenas y déjalas enfriar en una rejilla de pastelería. Pueden servirse calientes o frías.

Panecillos de maíz con bacon y queso

Estos panecillos de maíz individuales típicos de la cocina norteamericana son rápidos de preparar y están deliciosos si se sirven calientes. También pueden servirse acompañando un plato de sopa un día frío de invierno.

Tiempo de preparación **20 minutos**
Tiempo total de cocción **20 minutos**
Para 12 panecillos

140 g de harina de maíz
140 g de harina de trigo
30 g de azúcar extrafino
1 cucharadita de levadura
1 cucharadita de sal
290 g de suero de leche
2 huevos
70 g de mantequilla derretida
120 g de queso cheddar cortado en dados
90 g de bacon cocinado y cortado en dados

1 Precaliente el horno a 180°C. Prepare una bandeja de 12 magdalenas (125 ml de capacidad) untándola con mantequilla o bien forrándola con moldes de papel.
2 Tamice la harina de maíz, la harina de trigo, el azúcar, la levadura y la sal sobre un cuenco.
3 En un recipiente aparte, bata el suero de leche, los huevos y la mantequilla derretida. Haga un hueco en el centro de la mezcla de harina y vierta en él la preparación líquida. Realice movimientos envolventes para incorporar los ingredientes. Añada los dados de queso y bacon y remueva con cuidado. La masa debe quedar espesa y grumosa, por lo que es importante no excederse removiendo.
4 Coloque la masa en la bandeja preparada, llenando los moldes en dos tercios de su capacidad. Llévela al horno de 15 a 20 minutos, hasta que los panecillos se doren ligeramente y al introducir un palillo en el centro de uno de ellos, éste salga limpio. Desmolde los panecillos y déjelos enfriar.

Magdalenas de chocolate (arriba)
y Panecillos de maíz

Huevos a la florentina

Un plato clásico elaborado a partir de una capa de espinacas y huevos ligeramente escalfados rematados con una salsa de queso bien cremosa. Para que los huevos escalfados salgan lo más perfectos posible, deberán utilizarse huevos muy frescos.

Tiempo de preparación 25 minutos
Tiempo total de cocción 30 minutos
Para 4 personas

SALSA MORNAY
15 g de mantequilla
2 cucharadas de harina
250 ml de leche
una pizca de nuez moscada
40 g de queso gruyère rallado
2 yemas de huevo

60 g de mantequilla
500 g de hojas de espinacas limpias
3 cucharadas de vinagre
8 huevos muy frescos

1 Para hacer la salsa Mornay, funda la mantequilla en una sartén de fondo pesado a fuego medio. Espolvoree la harina en la mantequilla y cuézalo todo de 1 a 2 minutos teniendo cuidado de que no tome color y removiendo constantemente con una cuchara de madera. Retire la sartén del fuego y agregue la leche poco a poco, removiendo enérgicamente con un batidor de varilla o una cuchara para evitar que se formen grumos. Ponga la sartén de nuevo a fuego medio y lleve la mezcla a ebullición removiendo constantemente. Déjela hervir a fuego muy lento de 3 a 4 minutos, hasta que la salsa se quede pegada al dorso de una cuchara. Agregue la nuez moscada, remueva y retire la sartén del fuego. Póngala aparte con la tapa y manténgala caliente.

2 En una sartén ancha, derrita la mantequilla a fuego lento y añada las espinacas. Déjalas cocer de 5 a 8 minutos, o hasta que el líquido se haya evaporado. Entonces, póngalas aparte y manténgalas calientes.

3 Agregue el queso a la salsa Mornay y, a continuación, las yemas de huevo. Sazone el preparado al gusto con sal y pimienta. Póngalo a fuego lento y remuévalo bien hasta que el queso se haya fundido, suba la temperatura y deje que se caliente sin que llegue a hervir. Cúbralo con papel parafinado para mantenerlo tibio y déjelo aparte.

4 Ponga 2 litros de agua en una cazuela y llévala a ebullición a fuego vivo. Baje la temperatura y agregue el vinagre, dejando que hierva a fuego muy lento.

5 Casque los huevos uno a uno y colóquelos en un vaso o bol. Vaya echándolos con cuidado al agua avinagrada de dos en dos o de tres en tres. Cocínelos de 2 a 3 minutos, hasta que la clara esté firme pero no dura. Retírelos con cuidado con una espumadera y escúrralos bien.

6 Divida la espinaca cocida en partes iguales en cuatro platos previamente calentados. Coloque dos huevos escalfados en el centro de las espinacas y cúbralas con la salsa Mornay caliente. Sírvalos inmediatamente.

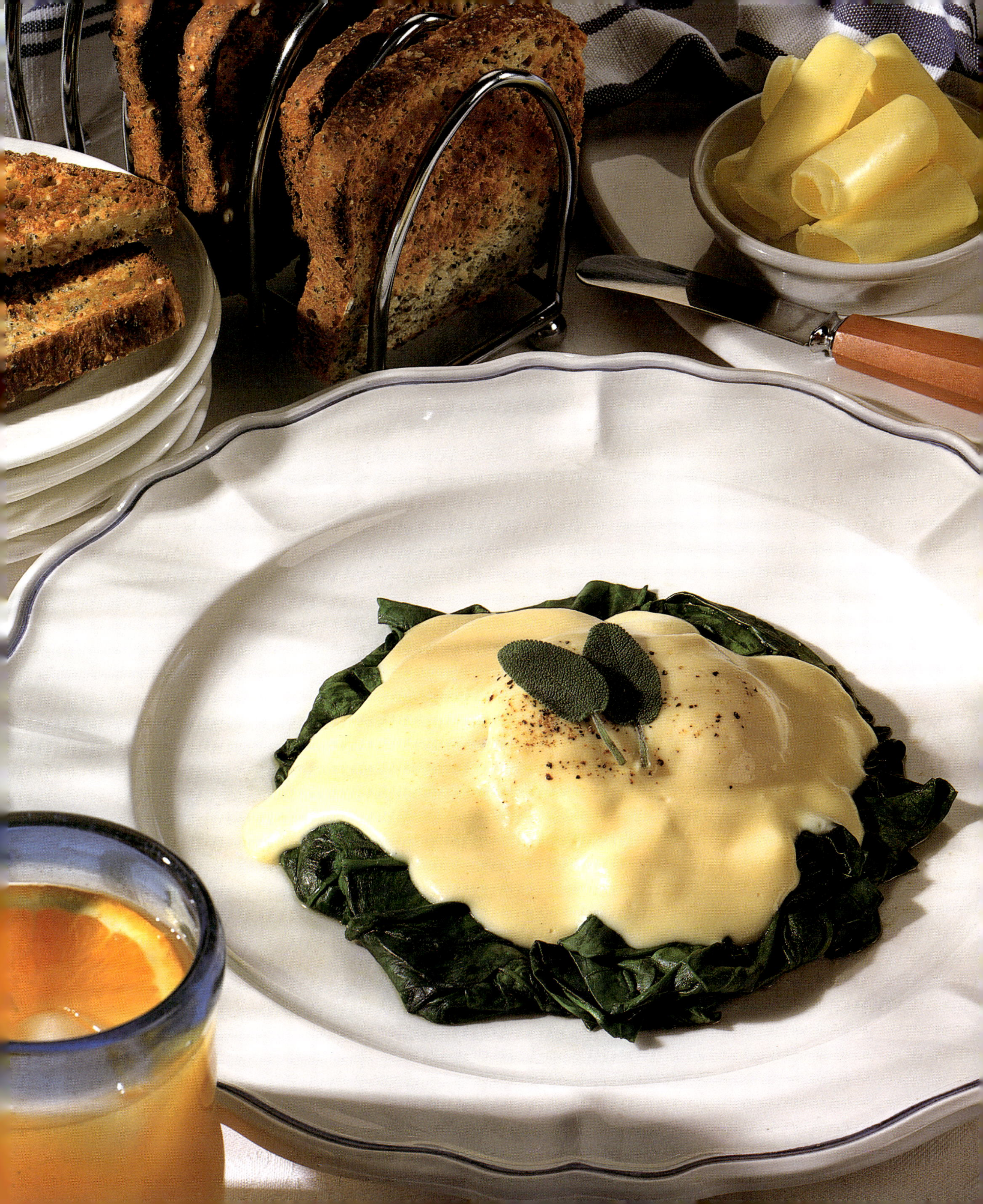

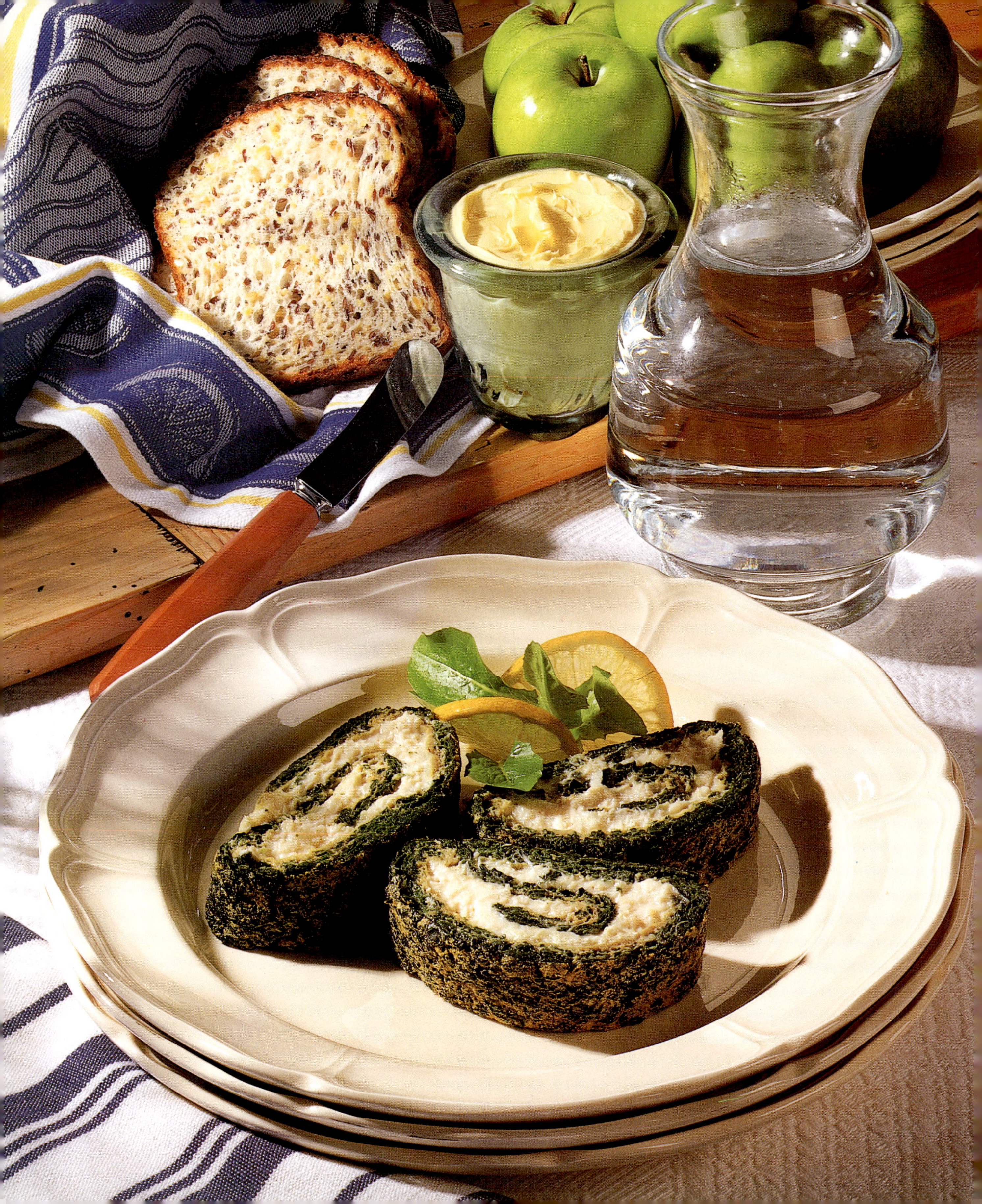

Rollo de espinacas y cangrejo

Un rollo de espinacas con un cremoso relleno de cangrejo cortado en láminas gruesas constituye un almuerzo perfecto, pero también está delicioso como primer plato.

Tiempo de preparación **45 minutos**
Tiempo total de cocción **40 minutos**
Para 6 personas

RELLENO
20 g de mantequilla
1 cucharada de harina
200 ml de leche
225 g de carne blanca de cangrejo fresca, congelada o de lata
una pizca de pimienta de cayena

ROLLO
450 g de hojas de espinacas frescas ó 185 g de espinacas congeladas
15 g de mantequilla fundida
4 huevos con las claras y las yemas separadas
una pizca de nuez moscada

1   Para hacer el relleno, funda la mantequilla en una sartén de fondo pesado a fuego medio-bajo. Espolvoree la harina y cuézala un minuto, removiendo con una cuchara de madera. Retire la sartén del fuego y agregue la leche poco a poco, batiendo con energía para que no se formen grumos. Ponga la mezcla a fuego bajo y remuévala con movimientos ligeros utilizando un batidor de varillas o una cuchara de palo hasta que quede homogéneo y empiece a espesar, entonces suba la temperatura y remueva con energía hasta que rompa a hervir. Hiérvala a fuego muy lento de 3 a 4 minutos, hasta que la salsa se quede pegada al dorso de una cuchara. Cúbrala con una lámina de papel encerado apretando contra la superficie para que quede ajustada y déjela a un lado.

2   Para hacer el rollo, recubra un molde rectangular de unos 30 x 25 cm con papel parafinado antiadherente. Si se utilizan espinacas frescas, llene la mitad de una cazuela grande con agua y llévela a ebullición, agregue una buena cantidad de sal y las espinacas y cocínelas durante 1 ó 2 minutos. Escúrralas en un colador o tamiz, páselas por el grifo de agua fría y escurra bien el agua. Píquelas finas con un cuchillo largo bien afilado. Si se utilizan espinacas congeladas, déjelas descongelar, escurra bien el agua y píquelas finas. Póngalas en un cuenco y añada la mantequilla.

3   Precaliente el horno a 200°C. Agregue las yemas de huevo y la nuez moscada a las espinacas y remueva. Sazónelo a gusto. En un cuenco grande, monte las claras a punto de nieve y mezcle con cuidado una cucharada en la preparación de espinacas para desespesarla un poco. Añada el resto de las claras de una vez, realizando cuidadosos movimientos envolventes con una cuchara de metal. Vierta la mezcla en el molde previamente preparado, extendiéndola con cuidado hacia los lados. Llévala al horno unos 10 minutos, hasta que haya cuajado y al poner un dedo encima no deje huella. Mientras, extienda un paño sobre la superficie de trabajo y cúbralo con papel parafinado antiadherente.

4   Recaliente la mezcla para el relleno, agregue el cangrejo, la pimienta de Cayena, sal y pimienta al gusto y remueva bien para que se caliente todo.

5   Coloque el rollo de espinacas sobre el papel y desmóldelo con mucho cuidado. A continuación, extienda el relleno con rapidez, tome el paño y el papel por el lado más corto y enrolle las espinacas como si de un brazo de gitano se tratase. Cuando vea que toda la pasta de espinacas le queda bien enrollada, pase el rollo a un plato o fuente de servir. Para motar el plato, corte el rollo en porciones preferiblemente gruesas y sírvalas inmediatamente.

Nota del chef El rollo de espinacas es un plato perfecto por sí solo, pero puede acompañarse de una salsa tipo holandesa o bearnesa.

Soufflés individuales en dos tiempos

Un soufflé atípico: fuera prisas. Puede preparar estos soufflés individuales el día anterior y deleitarse viendo cómo suben de nuevo para satisfacer a sus comensales.

Tiempo de preparación 35 minutos + refrigeración
Tiempo total de cocción 45 minutos
Para 8 personas

315 ml de leche
un pellizco de nuez moscada
1 hoja de laurel pequeña
1 escalonia partida por la mitad
4 granos de pimienta enteros
30 g de mantequilla
30 g de fécula de patata ó 15 g de harina mezclada con 15 g de harina de maíz
15 g de mantequilla en dados pequeños
3 huevos con las claras y las yemas separadas
90 g de queso cheddar
1/4 de cucharadita de mostaza en polvo
1 clara de huevo
155 ml de nata
2 cucharadas de parmesano o gruyère rallado

1 En una cazuela pequeña, caliente la leche con la nuez moscada, la hoja de laurel, la escalonia y los granos de pimienta. Cuando empiecen a formarse burbujas por los lados, retírela del fuego.

2 Funda la mantequilla en una cazuela grande, retírela del fuego y agregue la fécula de patata. Pase la leche por un tamiz y viértala en la cazuela, cuidando de que quede bien mezclada. Vuelva a poner la cazuela al fuego y bata la mezcla con energía hasta que empiece a hervir. Retírela del fuego e incorpore los dados de mantequilla por encima. Tápelo y déjelo enfriarse ligeramente. Mientras, precaliente el horno a 180°C y unte ligeramente con mantequilla 8 moldes pequeños de soufflé o cazoletas de 150 ml de capacidad.

3 Destape la salsa y mezcle bien la capa de mantequilla que ya se habrá fundido, agregue las yemas de huevo, el queso, la mostaza y sal y pimienta al gusto. Con una cuchara grande de metal o una espátula, incorpore con cuidado una cucharada de la clara montada a la mezcla de queso para aclararla y, a continuación, agregue el resto de una sola vez, mezclando con sumo cuidado.

4 Divida la mezcla en los moldes de soufflé, vertiéndola con delicadeza para evitar que pierda volumen. Coloque los moldes en una bandeja refractaria y vierta suficiente agua para cubrir las tres cuartas partes de los lados. Hornéelos durante 25 minutos, hasta que hayan subido y estén firmes. Retírelos entonces del agua y déjelos enfriar. Pueden taparse y guardarse en el frigorífico si se desean preparar el día anterior.

5 Justo antes de servirlos, precaliente el horno a 200°C y acomode los moldes de soufflé de nuevo en la fuente refractaria, vierta un poco de nata en cada molde, dividiéndola en partes iguales, y sazónelos ligeramente. Espolvoréelos con el parmesano y rellene la fuente de nuevo con agua hasta cubrir las tres cuartas partes de los lados de los moldes, como la vez anterior. Déjelos en el horno de 10 a 15 minutos, hasta que hayan subido y estén dorados. Colóquelos con cuidado en platos individuales y sírvalos inmediatamente.

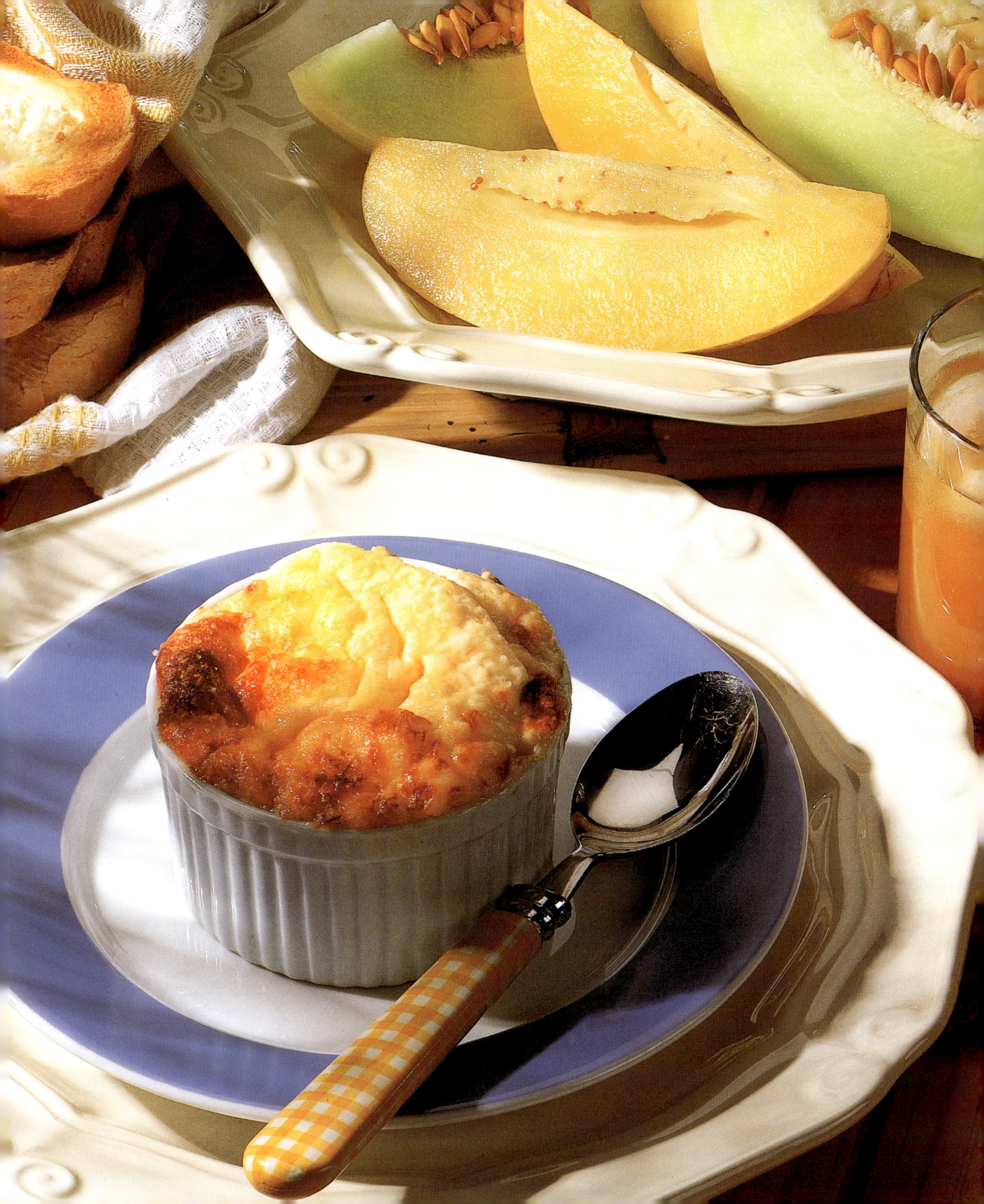

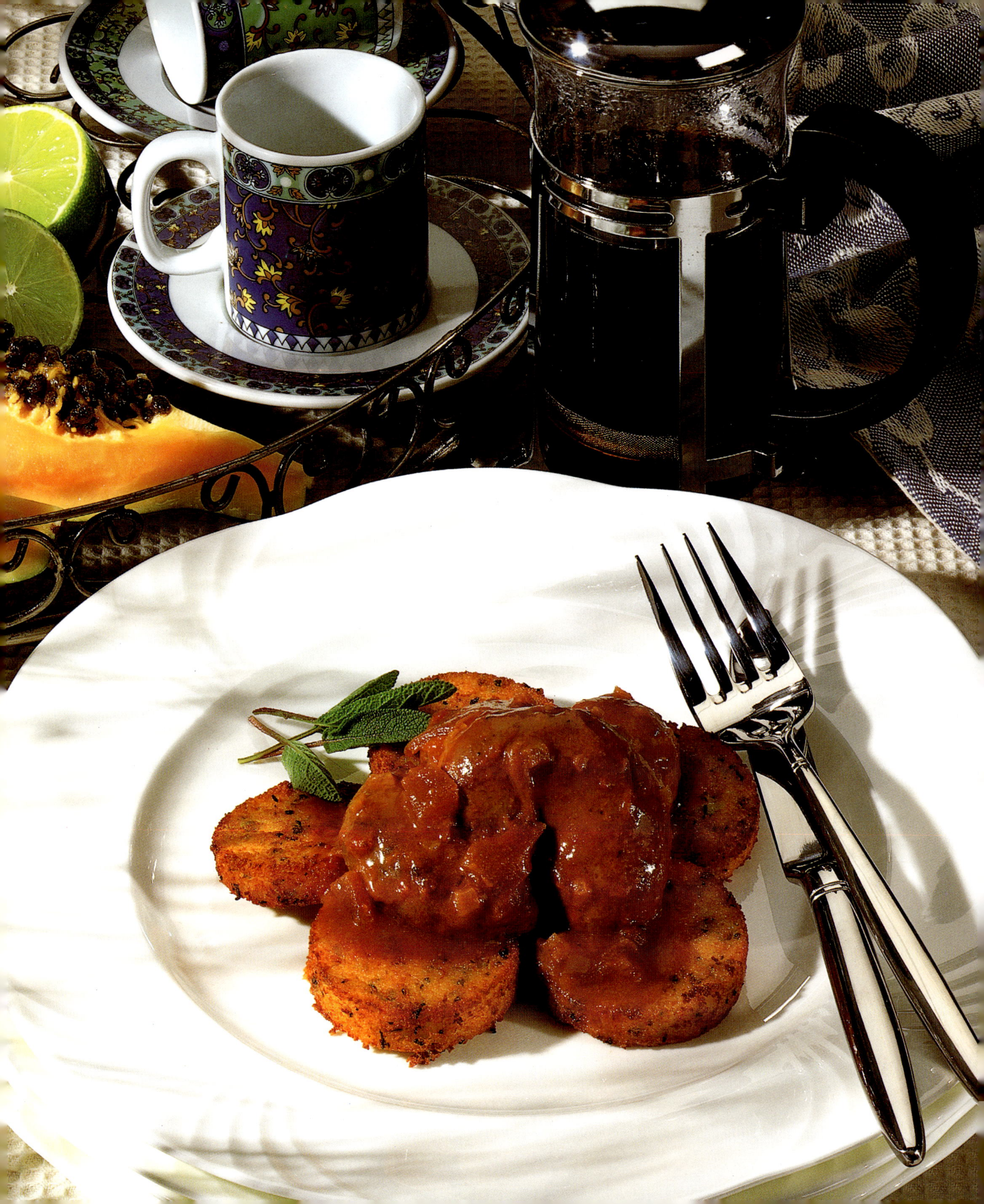

Riñones picantes a la diabla con discos de polenta a la salvia

Estos discos de hierbas y polenta constituyen una moderna alternativa a las tostadas tradicionales a la hora de servir riñones picantes a la diabla para el desayuno o almuerzo.

Tiempo de preparación **40 minutos + 1 hora en reposo**
Tiempo total de cocción **25 minutos**
Para 4–6 personas

DISCOS DE POLENTA A LA SALVIA
600 ml de leche
25 g de mantequilla
175 g de harina de maíz precocinada o polvos de polenta instantáneos
50 g de queso parmesano recién rallado
30 g de salvia fresca picada fina

abundante aceite para freír

RIÑONES PICANTES "A LA DIABLA"
8 riñones de cordero
1 1/2 cucharada de chutney de tomate
1/2 cucharadita de mostaza
unas gotas de salsa Worcestershire
una pizquita de pimienta de Cayena
60 g de mantequilla
1 escalonia picada
2 ó 3 cucharadas de caldo de carne o verduras

1 Para preparar los discos de polenta a la salvia, caliente la leche junto con la mantequilla en una cazuela grande hasta que esté a punto de hervir. Agregue la harina de maíz batiendo constantemente con un batidor de varilla a fuego medio 2 ó 3 minutos, hasta que espese. Retire la cazuela del fuego y déjela enfriar 1 minuto. Agregue el parmesano y la salvia, sazónelo con sal y pimienta, y déjelo enfriar de nuevo 5 minutos. Enharine ligeramente la superficie de trabajo y estire la polenta hasta que tenga un grosor de 1 centímetro. Deje la masa enfriarse 1 hora, hasta que esté bien firme. Con un cortapastas de 5 cm de diámetro, corte de 25 a 30 discos. Colóquelos en dos bandejas recubiertas de papel parafinado y cúbralos.

2 Para preparar los riñones a la diabla, retire la grasa y la membrana fina que los rodea, colóquelos planos y sosténgalos con una mano mientras con la otra hace un corte por los lados con ayuda de un cuchillo afilado. Con la punta de éste o de unas tijeras, retire el centro de los riñones de cada mitad. En un bol aparte, mezcle el chutney con la mostaza, la salsa Worcestershire y la pimienta de Cayena. Funda la mitad de la mantequilla en una sartén ancha y sofría la escalonia de 3 a 4 minutos, hasta que esté dorada. Pásela a un plato, limpie la sartén con papel de cocina y déjela aparte.

3 Caliente el horno muy lentamente a 120°C. Llene una freidora o un cazo grande hasta las tres cuartas partes de su capacidad, con aceite, y caliéntelo a 180°C (de manera que un dado de pan tarde 15 segundos en dorarse). Fría los discos de polenta a la salvia por turnos de 2 a 3 minutos, retírelos del aceite y colóquelos sobre papel de cocina para que suelten el exceso de aceite. Páselos a una rejilla de pastelería y manténgalos calientes en el horno, destapados para que se conserven crujientes.

4 Funda el resto de la mantequilla en la sartén. Cuando esté bien caliente, agregue los riñones, con la parte de la piel boca abajo. Sofríalos a fuego fuerte durante 20 segundos, déles la vuelta y cocínelos otros 20 segundos. Colóquelos en el mismo plato que la escalonia. Baje el fuego, agregue la mezcla de la mostaza a la sartén y remueva un momento para combinar los ingredientes. Incorpore los riñones junto con la escalonia y remueva de 1 a 2 minutos, hasta que estén cocidos. Coloque cuatro o cinco discos de polenta en cada plato y divida los riñones a partes iguales. Añada el caldo a la sartén y cocínelo un minuto, removiendo para que los jugos de los riñones queden bien mezclados. Riegue los riñones con esta salsa y sírvalos inmediatamente.

Nota del chef Los riñones picantes "a la diabla" también pueden servirse con simples tostadas, y los discos de polenta a la salvia constituyen un acompañamiento excelente de huevos revueltos, tomates a la parrilla o salchichas.

Empanadas caseras de carne picada de cerdo

Estas empanadas son rápidas y fáciles de hacer. Pueden servirse solas o acompañadas de tomates a la parrilla, o bien como parte de un desayuno inglés típico.

Tiempo de preparación 5 minutos
Tiempo total de cocción 4–6 minutos
Para 8 empanadas

1 cucharadita de sal
1/4 de cucharadita de pimienta negra molida
una pizca de semillas de hinojo
1/4 de cucharadita de pimentón
400 g de carne picada de cerdo
1 cucharada de aceite

1 En un recipiente, mezcle la sal, la pimienta, el hinojo y el pimentón con la carne picada de cerdo. Agregue dos cucharadas de agua fría. Para probar el punto de sal, fría una pequeña cantidad de la mezcla hasta que esté cocida y pruébela. Divida la carne sazonada en 8 bolas y aplánelas para formar empanadas de aproximadamente 1 cm de grosor.

2 Caliente el aceite en una sartén a fuego medio. Cocine las empanadas por turnos, de 3 a 4 minutos por lado, hasta que estén doradas y cocidas por dentro. Deben mantenerse calientes hasta el momento de servirse.

Bocaditos de patata a la plancha

Estos bocaditos están deliciosos acompañando un plato de bacon a la parrilla o, con mantequilla, mermelada o miel para constituir un desayuno o almuerzo informal.

Tiempo de preparación 10 minutos
Tiempo total de cocción 45 minutos
Para 12 bocaditos

500 g de patatas
60 g de mantequilla a temperatura ambiente
60 g de harina
1 cucharadita de levadura
una pizca generosa de nuez moscada

1 Pele las patatas y colóquelas en una cazuela grande de agua salada. Lleve a ebullición y baje la temperatura, dejando que hierva a fuego lento de 30 a 35 minutos, hasta que las patatas estén blandas. Escúrralas bien y devuélvalas a la cazuela para acabar de secarlas a fuego muy lento.

2 Triture las patatas hasta obtener un puré sin grumos, y agregue la mantequilla. Pase por un tamiz la harina, la levadura, la nuez moscada y algo de sal. Incorpore el puré a esta mezcla y remuévalo con un cuchillo de punta redondeada. La mezcla obtenida deberá usarse enseguida, ya que los ingredientes activos de la levadura empiezan a operar por acción del calor y la humedad.

3 Sobre una superficie ligeramente enharinada, extienda la masa hasta conseguir un grosor de 1,5 cm. Corte 12 circunferencias con un cortapastas de 4 centímetros de diámetro. Caliente una sartén de fondo pesado o una plancha a fuego medio y espolvoréela ligeramente con harina. Cocine los bocaditos de patata durante unos 8 minutos, hasta que estén bien hechos por dentro, dándoles la vuelta a los 4 minutos. Sírvalos calientes.

Empanadas caseras de carne picada de cerdo (arriba)
y Bocaditos de patata a la plancha

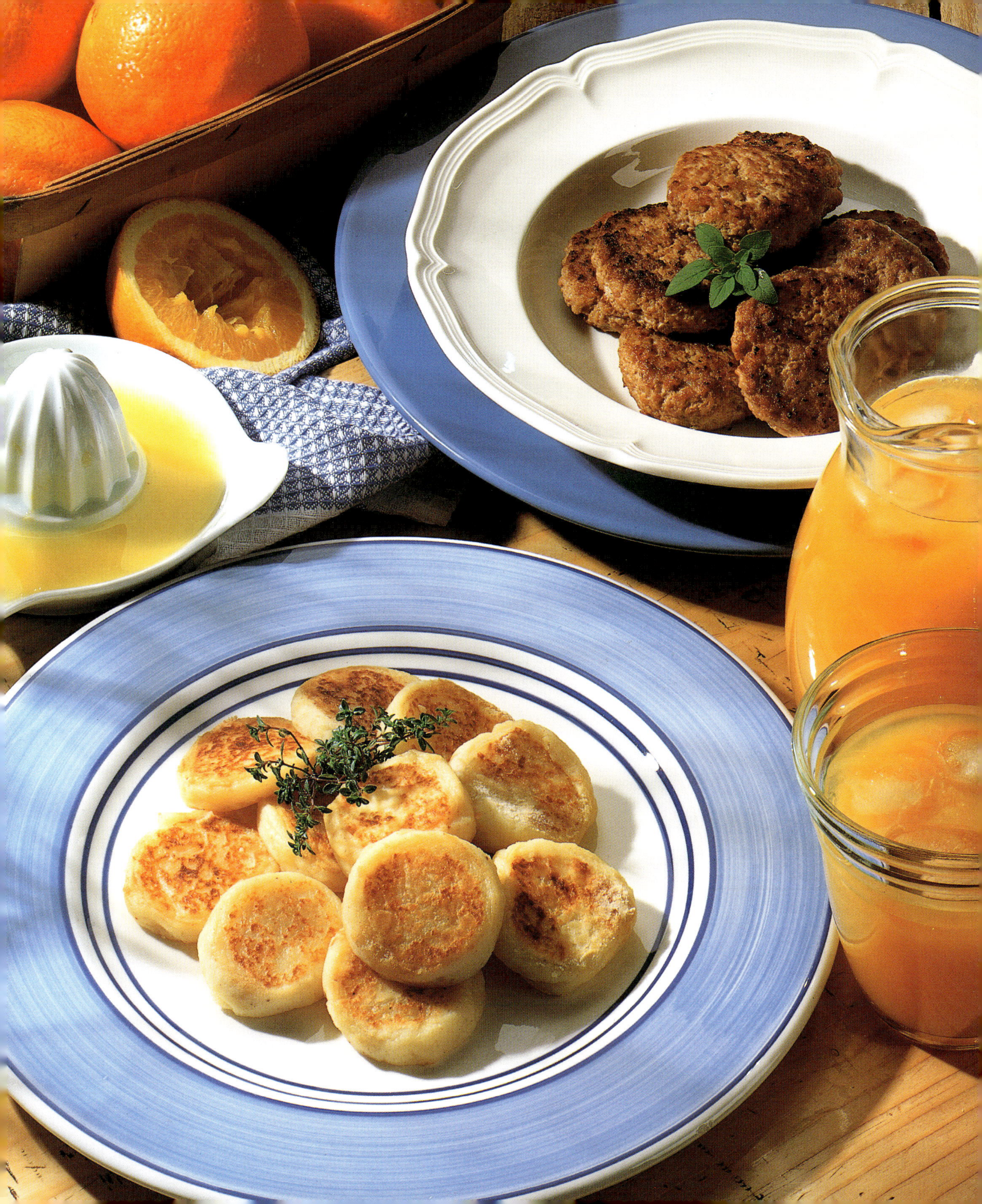

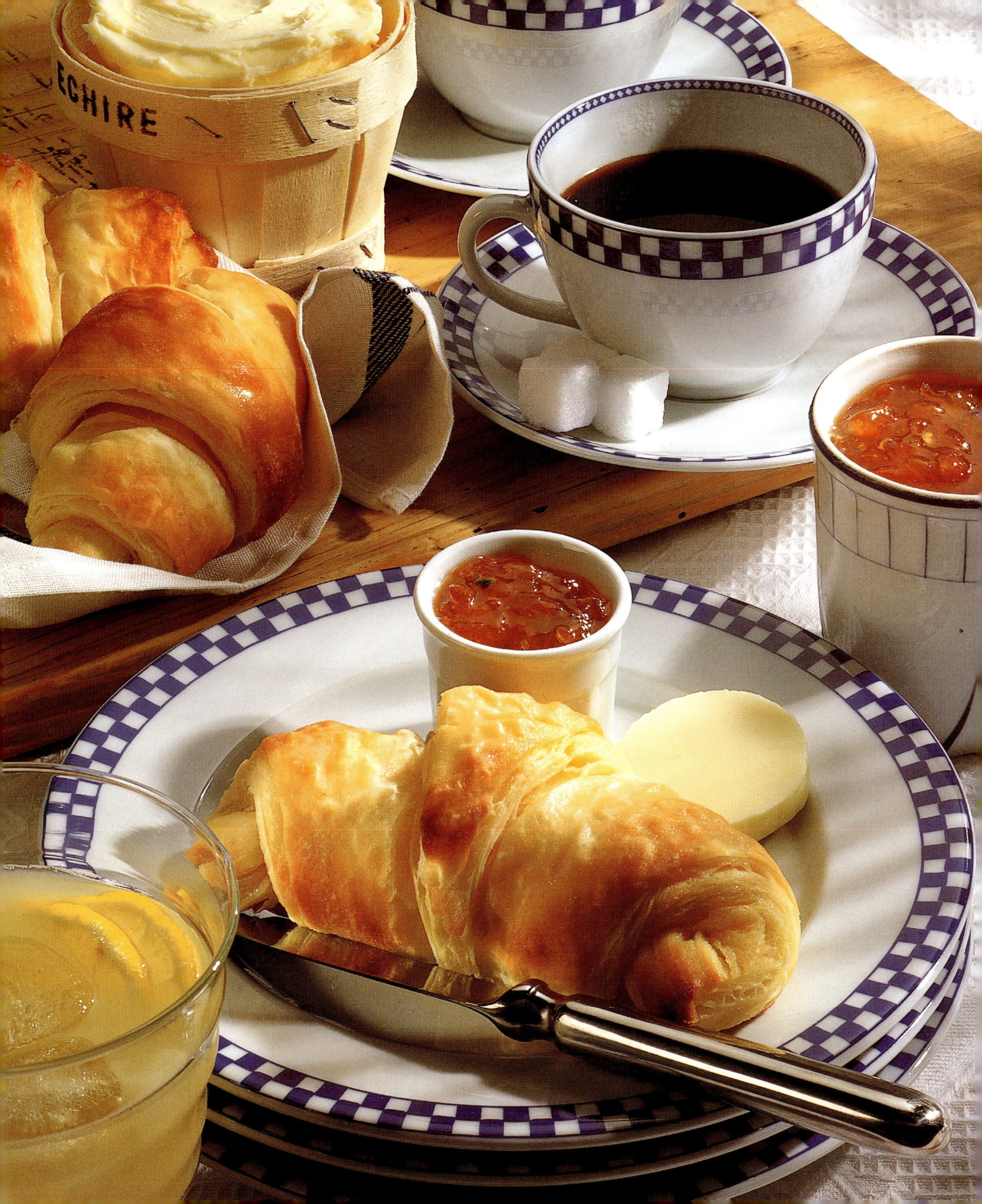
ECHIRE

Cruasanes

La elaboración de los croissants requiere tiempo y es laboriosa, pero su inigualable sabor a mantequilla asombrará a amigos y familiares. Servidos con mermelada o jalea, desaparecerán sin remedio a una velocidad asombrosa. En la página 62 encontrará ilustraciones paso a paso sobre cómo elaborarlos.

Tiempo de preparación 3 horas + reposo + refrigerar una noche
Tiempo total de cocción 20 minutos
Para 12–16 cruasanes

500 g de harina
1 cucharadita de sal
50 g de azúcar
320 ml de leche
15 g de levadura fresca ó 7 g de levadura en polvo
340 g de mantequilla a temperatura ambiente
1 huevo batido

1   Tamice la harina, la sal y el azúcar sobre un cuenco y haga un hueco en medio de la mezcla. Caliente la leche aparte, mezcle la levadura con una cucharada de harina hasta desleírla, y déjala reposar hasta que se formen burbujas. Añada esta preparación al cuenco de ingredientes secos y trabájelos hasta formar una masa blanda, pásela a una superficie de trabajo enharinada y amásela bien unos 5 minutos, hasta conseguir una masa homogénea y elástica. Pase la masa a un cuenco enharinado y cúbrala. Déjala fermentar una hora en un lugar cálido, hasta que haya doblado su volumen.

2   Mientras, coloque la mantequilla entre dos láminas de film transparente y estírela hasta formar un rectángulo de unos 20 x 10 cm. Déjala en el frigorífico hasta que la vaya a utilizar.

3   Una vez la masa haya doblado su volumen, amásela de nuevo y pásela a una superficie de trabajo enharinada. Extiéndala para formar un rectángulo de unos 40 x 12 cm, aproximadamente el doble de la lámina de mantequilla y un poco más ancha. Coloque la mantequilla sobre la mitad inferior de la masa y doble ésta hasta rodear la mantequilla por completo. Selle los lados con las puntas de los dedos. Dé la vuelta a la masa para que el dobladillo esté a su derecha y extiéndala para formar un rectángulo el doble de largo que de ancho. Retire el exceso de harina con cuidado, doble la masa en tres capas, como una carta, y gírela un cuarto de vuelta. Colóquela en el frigorífico envuelta en film transparente y déjala reposar unos 20 minutos.

4   Retire la masa del frigorífico y, con el dobladillo a su derecha, extiéndala tal y como se indica en el paso 3. Dóblela de nuevo y vuelva a colocarla en el frigorífico. Repita esta operación una tercera vez.

5   Retire la masa de el frigorífico y córtela por la mitad. Sobre una superficie bien enharinada, extienda cada mitad con un rodillo hasta conseguir un rectángulo grande, y corte los bordes para que queden rectos y formen un rectángulo de 22 x 36 cm. Con un cortapastas triangular de 18 cm de base y 14 cm de lado, corte el rectángulo en seis triángulos (de modo que queden también dos triángulos en los lados). Enrolle la masa empezando por la base hasta formar medias lunas. Acomode los cruasanes sobre bandejas de horno y píntelos ligeramente con huevo batido. Cúbralos con un film transparente y déjelos reposar una noche en el frigorífico.

6   Retire los cruasanes del frigorífico y déjelos aparte entre 30 y 45 minutos, hasta que hayan doblado su volumen. No los coloque en un lugar caliente para acelerar este proceso, ya que la mantequilla podría empezar a fundirse. Precaliente el horno a 200°C.

7   Una vez los cruasanes hayan doblado su volumen, vuelva a pintarlos con cuidado con un poco de huevo batido. Cuézalos de 15 a 20 minutos, o hasta que estén doraditos.

Nota del chef Es muy importante que la masa y la mantequilla tengan la misma consistencia antes de extenderlas con el rodillo. Si la mantequilla está demasiado blanda, saldrá por los lados cuando se aplaste con el rodillo, pero si está demasiado dura se romperá en pedacitos, lo cual daría como resultado un producto de capas desiguales. La mantequilla, para esta receta, debe tener una consistencia un poco más firme que la del queso de untar.

Crumpets

Estas finísimas y esponjosas pastitas tostadas al fuego de leña con un tenedor siempre han sido una delicia a la hora del té, pero también son un placer especial para el desayuno y pueden tostarse a la parrilla o en una tostadora.

Tiempo de preparación **10 minutos + 1 hora y 50 minutos en reposo**
Tiempo total de cocción **45 minutos**
Para 8 crumpets

375 ml de leche
15 g de levadura fresca ó 7 g de levadura en polvo
375 g de harina
1/2 cucharadita de sal
1/2 cucharadita de bicarbonato sódico
aceite o mantequilla clarificada, para cocinarlos

1 Vierta la leche en un cazo y póngala al fuego hasta que esté caliente. Retírela y agregue la levadura.

2 Tamice la harina junto con la sal sobre un cuenco y haga un hueco en el centro. Vierta un poco de la mezcla de leche y remuévala con un batidor de varilla, un robot de cocina o con las manos procurando incorporar la harina poco a poco hasta que todos los ingredientes estén bien mezclados y formen una pasta homogénea. Cúbrala con un plato o film transparente y póngala en un lugar caldeado de 1 a 1 1/2 horas, o hasta que haya doblado su volumen. Disuelva el bicarbonato en 200 ml de agua y agréguelo a la pasta; debe quedar bien mezclado. Cubra la masa de nuevo y déjela aparte de 15 a 20 minutos.

3 Ponga a calentar una parrilla o una sartén amplia de fondo pesado a fuego medio y úntela con un poco de aceite o mantequilla clarificada. Unte ligeramente con mantequilla o aceite la parte interior de 2 o más moldes redondos cortapastas de unos 9 a 10 cm de diámetro y dispóngalos en la sartén.

4 Vierta la mezcla de crumpets hasta un grosor de 1 centímetro, baje el fuego y cuézala de 7 a 8 minutos. Empezarán a aparecer burbujas en la superficie de la pasta al ir cociéndose. Déles la vuelta cuando la parte superior esté lo suficientemente seca como para formar una ligera piel (vea las Técnicas del chef de la página 63). Afloje los moldes, dé la vuelta a los crumpets y dore el otro lado durante 1 ó 2 minutos. Retírelos del fuego y déjelos enfriar sobre una rejilla de pastelería; cúbralos con un paño para evitar que se resequen. Continúe la cocción de la misma manera hasta acabar con la pasta. Si se ha espesado, añada un poco más de agua.

5 Momentos antes de servir los crumpets, precaliente la parrilla al máximo para tostarlos por el lado por el que se cocinó primero, déles la vuelta y déjelos solamente unos instantes para dorar el segundo lado. Unte el lado menos dorado con mantequilla y sírvalos inmediatamente.

Nota del chef La levadura fresca, si sobrara, puede envolverse con cuidado en papel encerado y guardarse en el frigorífico un máximo de 2 semanas.

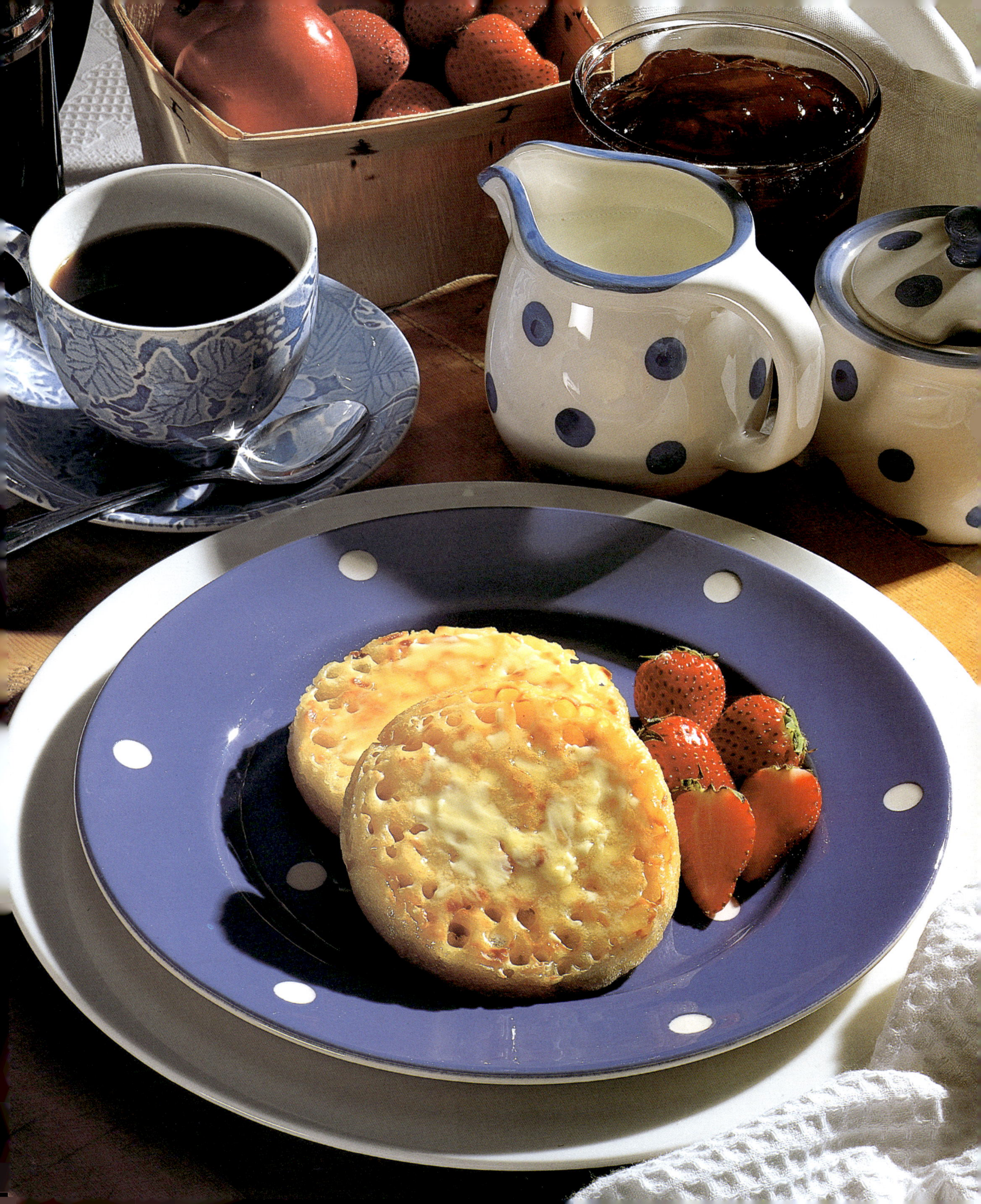

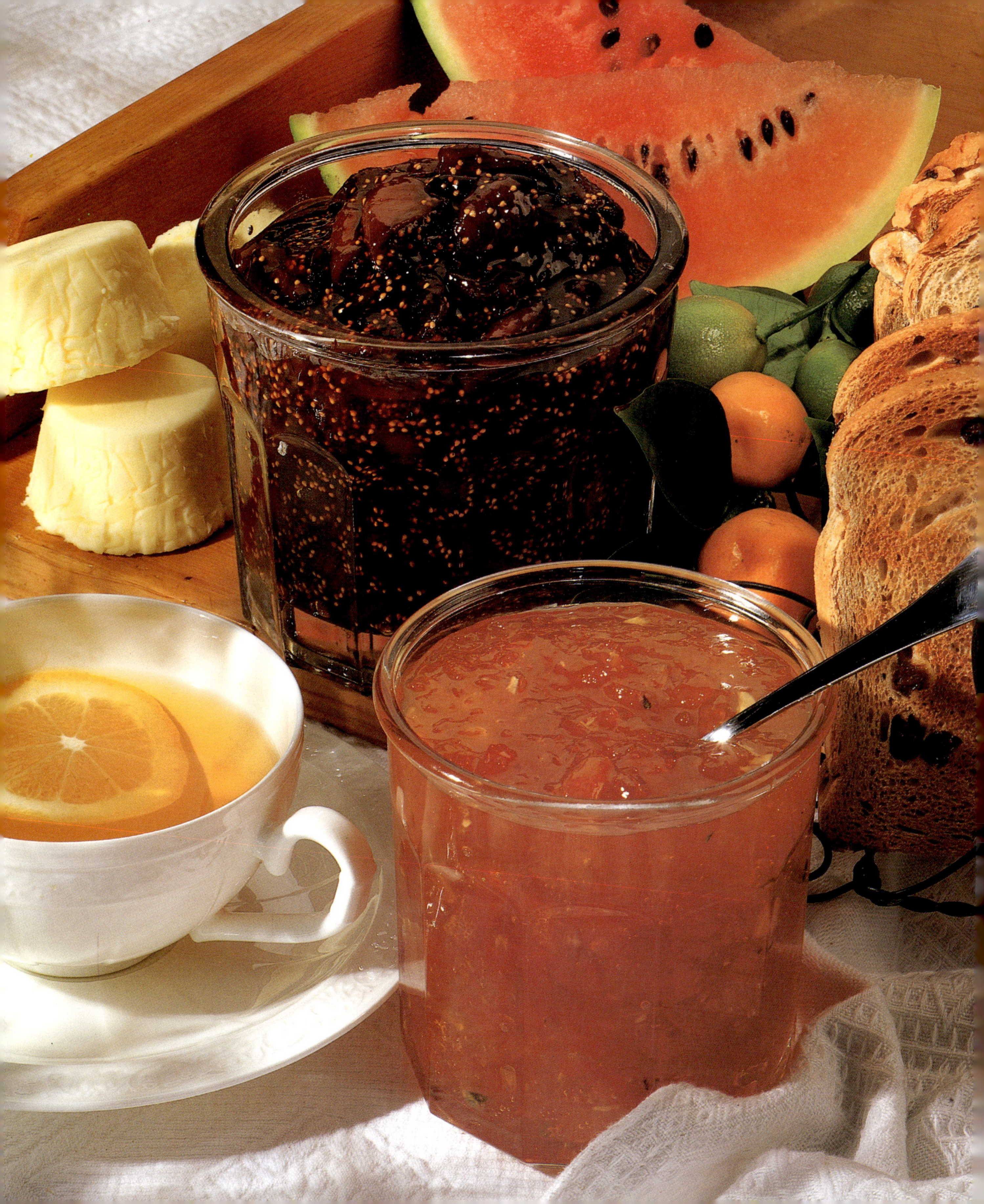

Conserva de higos

Mágicos sabores orientales, suaves y condimentados a la vez, hacen de esta conserva un acompañamiento memorable para el arroz con leche oriental, o para cualquier receta de crêpes dulces. Resulta deliciosa con copos de avena.

Tiempo de preparación **10 minutos**
Tiempo total de cocción **1 hora y 5 minutos**
Para 1 litro aproximadamente

1 limón
1 lima
2 vainas de anís estrellado
2 clavos de especia
900 g de higos de piel morada, verdosa o negra, sin los tallos y cortados en cuartos
75 ml de vino tinto
450 g de azúcar blanquilla

1 Corte la lima y el limón en dados grandes y dispóngalos en un paño de muselina con el anís estrellado y los clavos de especia. Doble el paño para formar una bolsita y átela con un hilo largo.

2 Mezcle los higos con el vino tinto y 75 ml de agua en una cazuela grande y ate la bolsa de muselina a las asas, de manera que ésta quede colgando en la mezcla de los higos. Ponga una tapa y déjelos hervir a fuego muy lento unos 15 minutos.

3 Escurra la bolsa de muselina contra el lado de la cazuela con una cuchara y retírela con cuidado, ya que estará muy caliente. Agregue el azúcar y remuévalo bien hasta que se haya disuelto.

4 Suba el gas y deje que la mezcla hierva a borbotones hasta que tome una consistencia espesa parecida a la del jarabe. A los 20 minutos empiece a verificar la consistencia (vea las Técnicas del chef de la página 63).

Nota del chef Las conservas de este tipo no pueden guardarse tanto tiempo como las mermeladas, ya que su menor contenido de azúcar hace que caduquen antes.

Conserva de naranjas chinas

Mejorar el gusto de una buena mermelada de naranja casera es muy difícil, pero esta sabrosa conserva de color atractivo es un sustituto que tiene poco que envidiarle. Estas pequeñas naranjas originarias de la China tienen un sabor agridulce y las pieles son comestibles.

Tiempo de preparación **10 minutos + una noche en reposo**
Tiempo total de cocción **40 minutos**
Para 1 litro aproximadamente

675 g de naranjas chinas maduras
675 g de azúcar blanquilla
80 ml de ginebra

1 Pique las naranjas chinas en dados más o menos pequeños y dispóngalas formando una capa en un recipiente grande con azúcar. Cúbralas y déjelas reposar toda la noche. Dependiendo del grado de madurez de la fruta, este período puede acortarse una hora o más, pero es importante dejarlas hasta que el azúcar quede disuelto en el jugo que va soltando la fruta.

2 Pase esta mezcla a una cazuela grande y añada 300 ml de agua. Caliéntela a fuego lento hasta que el azúcar esté disuelto, removiendo para que no se pegue al fondo de la cazuela.

3 Suba el fuego y deje que la mezcla hierva a borbotones de 15 a 20 minutos, hasta que esté espesa pero todavía conserve una apariencia líquida. No la remueva. Retire la cazuela del fuego, agregue la ginebra y compruebe que cuaje (vea las Técnicas del chef de la página 63). Si todavía no cuaja bien, llévela de nuevo a ebullición y vaya comprobando la consistencia cada 5 minutos. Una vez fría, esta conserva puede guardarse en el frigorífico durante 2 semanas.

Nota del chef Las pepitas de estas pequeñas naranjas, al contrario que las de las naranjas autóctonas, son comestibles una vez cocinadas y, de hecho, dan un toque delicado, como de nueces, a esta conserva, además de resultar atractivas. Sin embargo, si lo desea puede retirarlas para introducirlas en una bolsa de muselina y colocarlas en la cazuela en la que se prepare la conserva, retirándola cuando ésta haya cuajado.

Conserva de higos (arriba) y Conserva de naranjas chinas

Pikelets

Estas pequeñas tortitas se conocen como crêpes escoceses en Inglaterra y se sirven calientes untadas con mantequilla y acompañadas de mermelada o algún dulce.

Tiempo de preparación 8 minutos + 1 hora en el frigorífico
Tiempo total de cocción 15 minutos
Para 12 pikelets

1 huevo batido
50 g de azúcar
25 g de mantequilla
280 ml de leche
225 g de harina
1/2 cucharadita de bicarbonato sódico
1/2 cucharadita de levadura
1/2 cucharadita de cremor tártaro

1 En un cuenco pequeño, bata el huevo con la mitad del azúcar. Funda la mantequilla en un cazo con el resto, retírelo del fuego y agregue la leche y una cucharada de agua fría.

2 Tamice la harina, el bicarbonato, la levadura, el cremor tártaro y una pizca de sal y realice un hueco en el centro de la mezcla. Vierta en su interior la mezcla de huevo y la de mantequilla y trabájelas con un batidor de varillas o una cuchara de madera hasta que todos los ingredientes secos se hayan incorporado para formar una pasta homogénea. Cúbrala y déjela reposar en el frigorífico durante una hora o bien toda la noche.

3 Unte la plancha o una sartén antiadherente con mantequilla fundida y póngala a fuego vivo. Añada dos cucharadas de pasta por tortita en la sartén y cocínelas 1 minuto, hasta que aparezcan burbujas en la superficie. Déles la vuelta y dórelas. Sírvalas inmediatamente, o bien manténgalas calientes envueltas en papel de aluminio en el horno a fuego muy lento hasta el momento de servir.

Nota del chef Sirva los pikelets con mantequilla, zumo de limón y azúcar, jarabe de arce o conservas de fruta fresca.

Gofres

Los gofres, elaborados con una pasta dulce y esponjosa, se caracterizan por tener una superficie como de panal que resulta ideal para albergar grandes cantidades de jarabe de caña o miel, que hacen las delicias de los más golosos.

Tiempo de preparación 5 minutos
Tiempo total de cocción 5 minutos por gofre
Para 8–10 gofres

250 g de harina
1 cucharada de azúcar blanquilla
1 cucharadita y media de levadura
1/2 cucharadita de sal
375 ml de leche o suero de leche
30 g de mantequilla fundida
2 huevos

1 Tamice la harina, el azúcar, la levadura y la sal sobre un recipiente.

2 Aparte, mezcle la leche junto con la mantequilla fundida y los huevos. Añada esta preparación poco a poco a la mezcla de harina y remuévala hasta que los ingredientes queden bien ligados.

3 Precaliente una gofrera siguiendo las instrucciones del fabricante. Una vez esté caliente, úntela de aceite y vierta la cantidad adecuada de pasta para hacer un solo gofre. Cocínelo hasta que esté dorado y crujiente y sírvalo con mantequilla cremosa y miel o jarabe de arce.

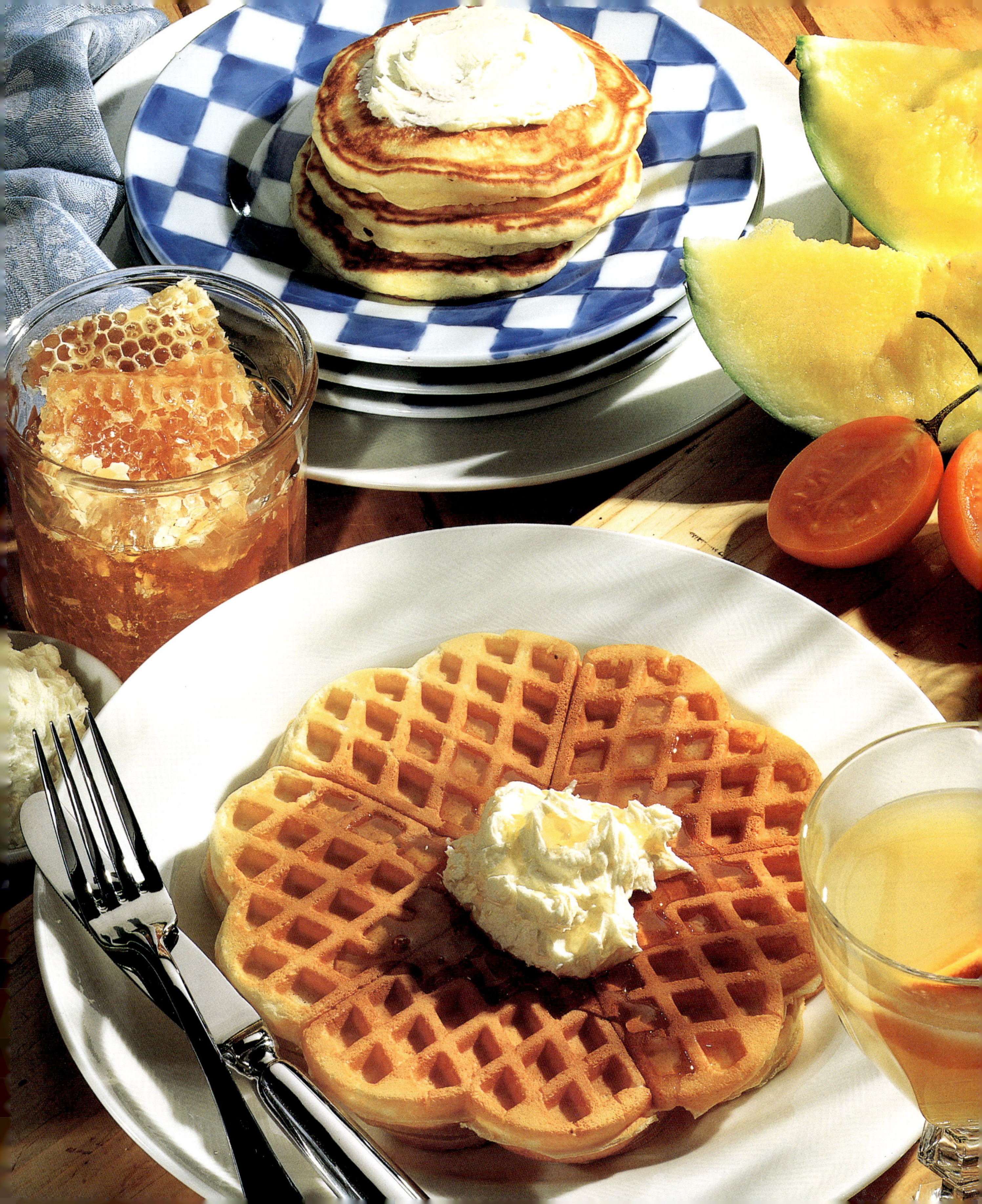

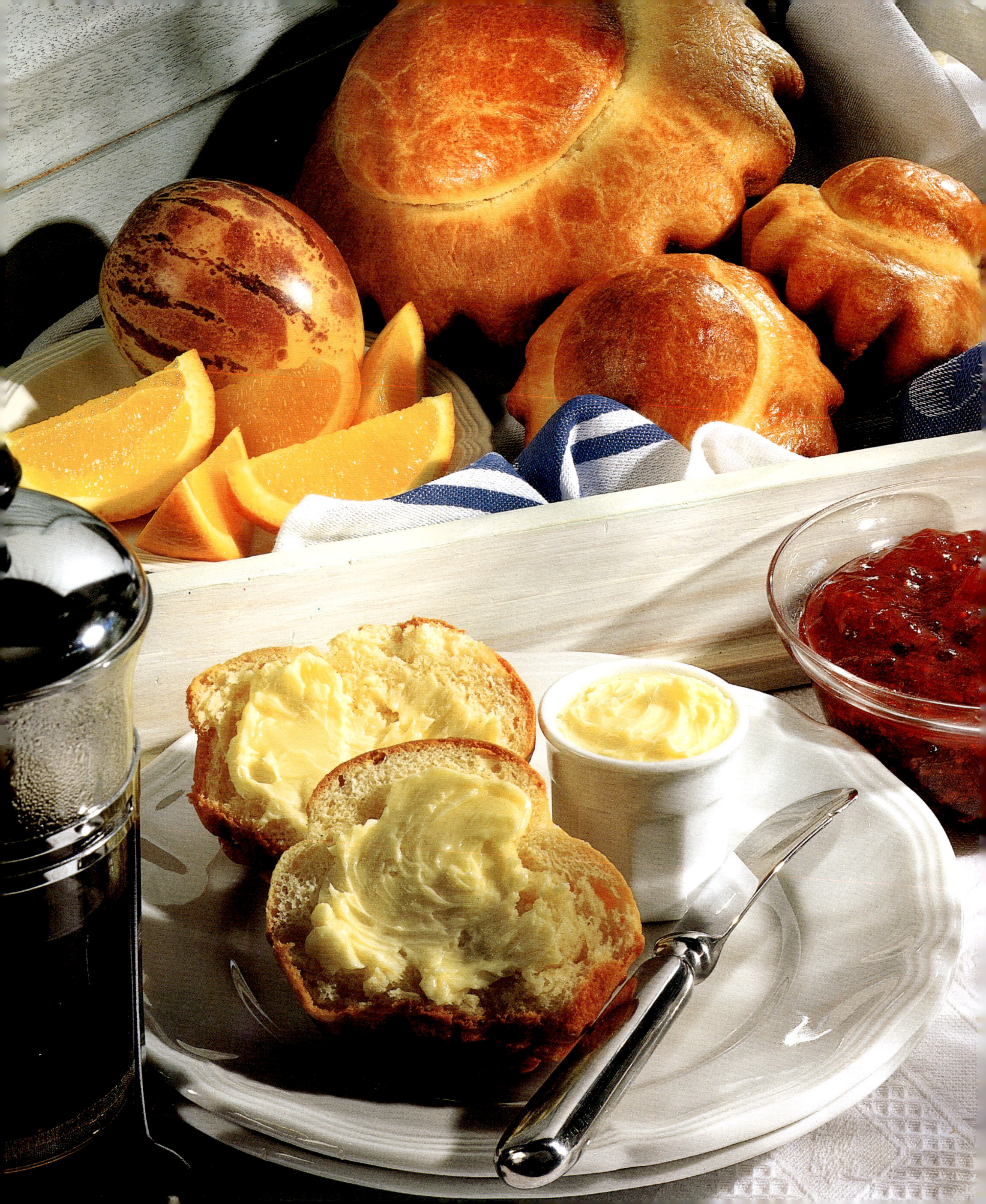

Brioches

Estos bollos ligeros y esponjosos enriquecidos con mantequilla y huevos resultan deliciosos servidos con mantequilla y mermelada. También pueden servir para acompañar los postres de fruta en compota. Existen mil maneras de hacer la masa para brioches, y esta receta es la del tradicional "brioche à tête" francés (vea la página 62).

Tiempo de preparación **30 minutos + 4 horas de fermentación**
Tiempo total de cocción **25 minutos**
Para 1 brioche grande ó 4 pequeños

2 cucharadas de leche caliente
15 g de levadura fresca ó 7 g de levadura en polvo
375 g de harina o harina de fuerza
55 g de azúcar blanquilla
1 cucharadita de sal
6 huevos ligeramente batidos
175 g de mantequilla a temperatura ambiente
1 huevo batido y mezclado con 2 cucharadas de agua para el glaseado

1 Vierta la leche en un bol para desleír la levadura. Agregue una cucharada de la harina, cúbrala y déjela aparte hasta que empiecen a salir burbujas. Tamice el resto de la harina, el azúcar y la sal en un bol aparte, haga un hueco en el centro y eche en él los huevos ligeramente batidos y la mezcla de levadura. Vaya incorporando la harina poco a poco hasta formar una pasta de consistencia pegajosa. Pásela a una superficie de trabajo enharinada.

2 Trabaje la masa con las manos enharinadas unos 20 minutos, hasta conseguir que esté espesa y homogénea. Dispóngala en un recipiente untado de aceite y déle la vuelta para que quede cubierta de aceite. Tape y deje reposar a temperatura ambiente de 2 a 2 1/2 horas.

3 Trabaje la masa con las manos, cúbrala y déjela reposar 5 minutos más. Transcurridos éstos, pásela a la superficie de trabajo para amasarla otra vez. Coloque la mantequilla reblandecida encima de la bola de masa y trabájela con las manos hasta que quede bien incorporada. Amáselo todo bien otros 5 minutos, hasta que vuelva a tener una consistencia suave y sin grumos. Cubra la pasta y déjela reposar 5 minutos.

4 Unte un molde para brioches de 1,2 litros de capacidad, o bien 4 moldes de 425 ml de capacidad con una buena capa de mantequilla. Si utiliza moldes pequeños, divida la pasta en cuatro partes iguales. Coloque a un lado un cuarto de cada parte, forme pelotas y dispóngalas en los moldes de manera que la superficie quede lisa. Realice un agujero con el dedo en cada una de ellas y disponga las bolitas de pasta reservada en forma de lágrima. Cubra y deje que aumente durante 1 1/2 horas. Caliente el horno a 200°C, pinte los brioches con el huevo batido y hornee de 20 a 25 minutos. Deje enfriar.

Nota del chef Si desea hacer un brioche con pasas, ponga a macerar 2 cucharadas de pasas en un recipiente con ron hasta que se hayan hinchado, escúrralas y añádalas a la masa cuando haya agregado la mantequilla.

Pan agrio de pacanas y cerezas

Si resulta difícil conseguir cerezas secas agrias o uvas pasas moscatel, se pueden sustituir por dados de orejones de albaricoque, de la misma manera que las avellanas pueden ser un buen sustituto de las pacanas.

Tiempo de preparación **10 minutos**
Tiempo total de cocción **1 hora y 5 minutos**
Para 6–8 personas

120 g de azúcar
175 g de jarabe de caña
250 ml de leche
1 huevo batido
250 g de harina
1 cucharadita de canela en polvo
3 cucharaditas de levadura
60 g de cerezas secas agrias picadas o de uvas pasas moscatel
60 g de pacanas troceadas

1 Unte un molde de 22 x 12,5 x 6 cm con mantequilla fundida y fórrelo con una lámina de papel parafinado, que cuelgue por los dos lados más largos. Precaliente el horno a 180°C.
2 Caliente el azúcar, el jarabe de caña y la leche en una cazuela a fuego lento y remueva bien hasta que el azúcar quede disuelto. Retire el preparado del fuego y déjelo aparte hasta que se entibie. Agregue el huevo.
3 Tamice la harina, la canela, la levadura y una pizca de sal sobre un cuenco, agregue las cerezas agrias o pasas y las pacanas y remueva. Añada la mezcla del jarabe y remuévalo todo con rapidez para ligar los ingredientes. Vierta la mezcla inmediatamente en el molde y cuézala al horno durante 1 hora. Cúbrala con papel de aluminio si la superficie se dora con demasiada rapidez. El pan estará cocido cuando la superficie resulte esponjosa al tacto.
4 Déjelo enfriar 10 minutos y desmóldelo. Este pan mejora con el tiempo y puede guardarse, envuelto en film transparente o papel de aluminio, durante un máximo de 2 semanas, en un lugar fresco. Sírvalo solo o untado con mantequilla.

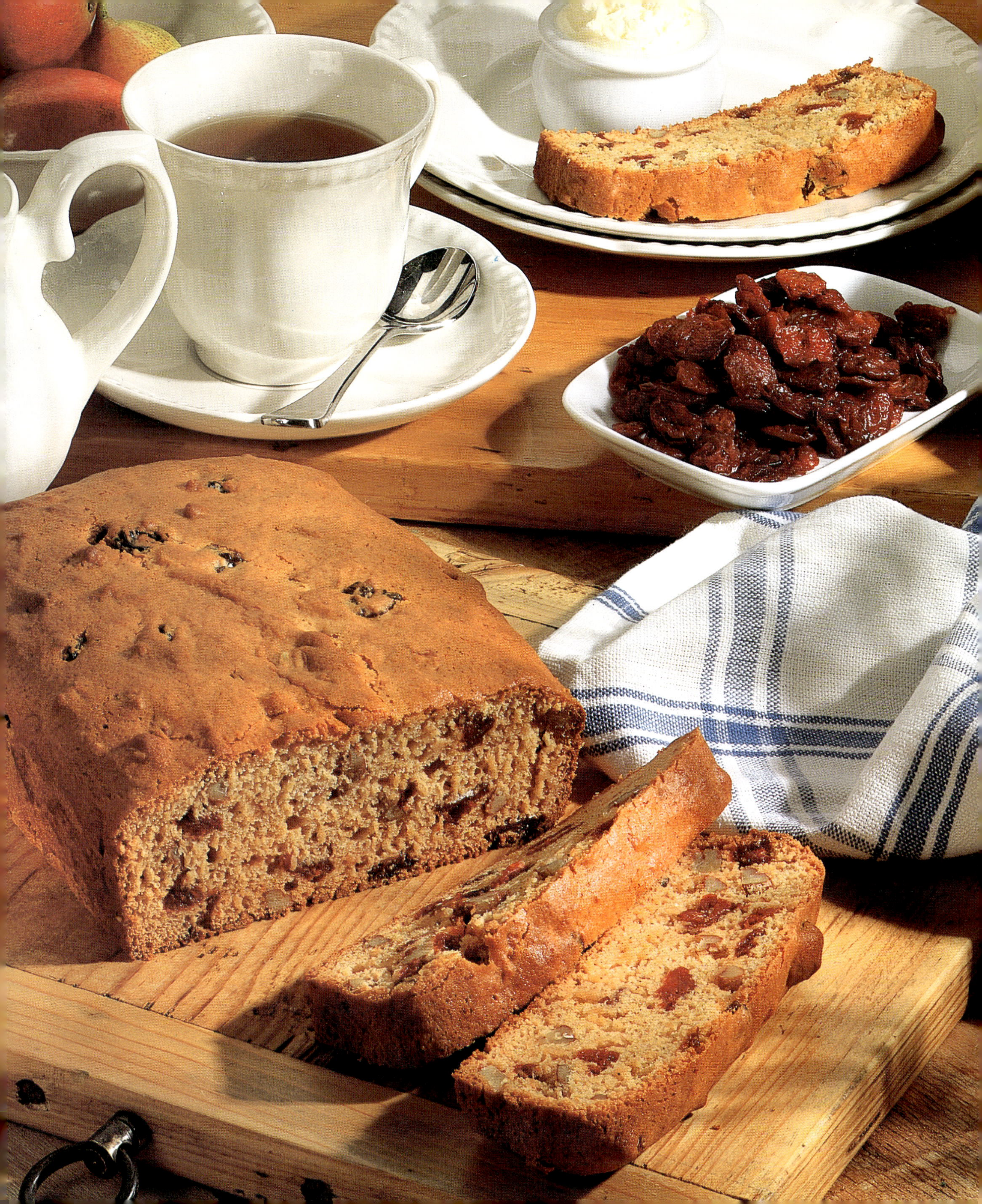

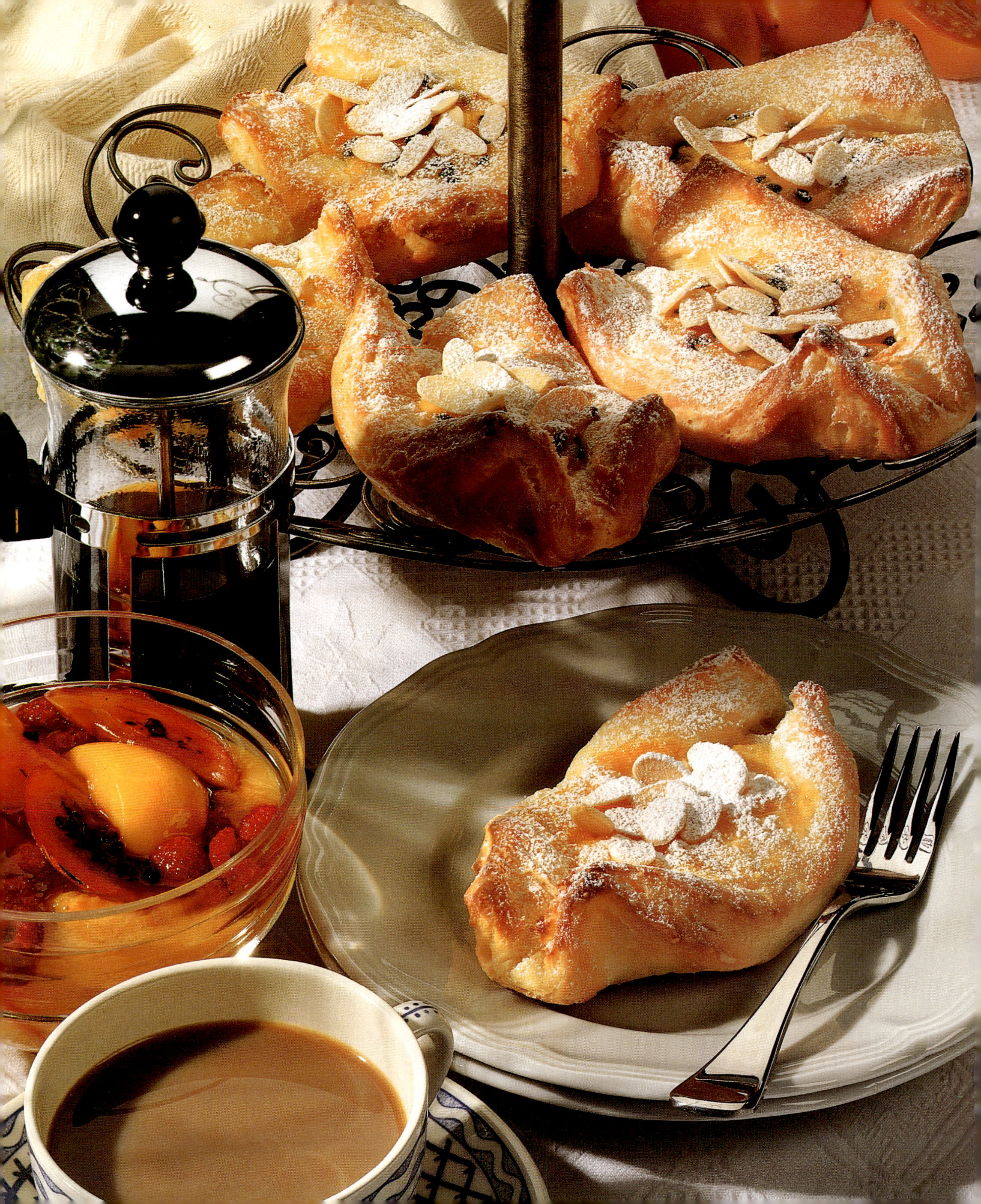

Pastas danesas

Aunque esta receta requiera bastante tiempo y dedicación, no hay nada que pueda igualar el sabor inconfundible de estas pastas tipo hojaldradas, ricas y recién hechas.

Tiempo de preparación 3 horas + reposo en el frigorífico
Tiempo total de cocción 30 minutos
Para 28 pastas

1 kg de harina o harina de fuerza
90 g de azúcar
20 g de sal
30 g de levadura fresca ó 15 g de levadura en polvo
700 ml de leche caliente
450 g de mantequilla del frigorífico
1 huevo batido
50 g de almendras troceadas
azúcar glas para espolvorear

RELLENO DE CREMA DE FRUTA DE LA PASION
30 g de azúcar
2 yemas de huevo grandes
2 cucharaditas de harina
2 cucharaditas de harina de maíz
125 ml de zumo de fruta de la pasión o de pulpa

O BIEN

RELLENO DE CREMA DE NARANJA
30 g de azúcar
2 yemas de huevo grandes
2 cucharaditas de harina
2 cucharaditas de harina de maíz
125 ml de zumo de naranja

1 Unte con mantequilla y enharine una fuente de horno. Tamice la harina, el azúcar y la sal en un bol grande y realice un hueco en el centro. Bata la levadura con 50 ml de la leche hasta que esté cremosa. Agregue el resto de la leche removiendo y vierta la mezcla en el hueco. Incorpore la harina con los dedos hasta formar una masa suave. Amásela sobre una superficie enharinada hasta que esté suave y elástica. Colóquela en un recipiente y cúbrala con film. Déjala en el frigorífico 10 minutos.

2 Para hacer el relleno de crema de fruta de la pasión, disponga el azúcar, las yemas y los dos tipos de harina en un recipiente de tamaño mediano y mézclelo. Hierva el zumo en una cazuela mediana. Agregue un poco de este líquido a la mezcla de azúcar y, a continuación, vierta la mezcla en la cazuela del zumo. Llévela a ebullición removiendo constantemente y cuézala un minuto. Tras esta operación, cúbrala y déjala enfriar.

3 Para hacer el relleno de crema de naranja, siga los mismos pasos que para el relleno anterior, sustituyendo el zumo de fruta de la pasión por zumo de naranja.

4 Sobre una superficie enharinada, extienda la masa para formar un rectángulo tres veces más largo que ancho, y de 3 mm de grosor. Golpee la mantequilla suavemente y extiéndala entre dos láminas largas de film transparente para formar un rectángulo, ancho como la masa, pero con dos tercios de su longitud. Desenvuélvala y colóquela encima de dos tercios de la masa. Doble un tercio de la masa sin mantequilla por encima de ésta, y luego el tercio superior.

5 Dé la vuelta a la masa de forma que parezca un libro, con el lomo a su izquierda, y extiéndala con un rodillo para formar un rectángulo, que doblará otra vez en tres pliegues. Repita la operación dos veces, envolviendo la masa en film transparente y dejándola reposar 20 minutos entre cada operación.

6 Sobre una superficie de trabajo enharinada, extienda la masa y forme un rectángulo o un cuadrado de 3 mm de grosor. Córtela en rectángulos de 10 x 13 cm y colóquelos en la fuente refractaria.

7 Para cocer las pastas, precaliente el horno a 200°C. Introduzca el relleno en el centro de cada pasta con una manga pastelera. Recoja las esquinas y séllelas con los dedos. Déjelas en lugar caliente para que fermenten y píntelas con el huevo, evitando los lados. Espolvoréelas con almendras y cuézalas unos 20 minutos. Deje enfriar y espolvoree con azúcar glas.

Conserva de frutas rojas

Esta conserva de frutas rojas puede emplearse como si fuera mermelada, aunque se estropea antes que esta última. Resulta deliciosa con tostadas untadas de mantequilla, brioches, gofres o empleada como relleno de crêpes.

Tiempo de preparación 5 minutos
Tiempo total de cocción 1 hora y 30 minutos
Para 750 ml aproximadamente

1 kg de frutas rojas maduras frescas o congeladas
1 kg de azúcar

1 Mezcle la fruta y el azúcar con 3 cucharadas de agua en una cazuela grande y póngala a fuego lento de 3 a 4 minutos, hasta que el azúcar se haya disuelto, removiendo constantemente para evitar que quede pegado en el fondo de la cazuela. Coloque dos o tres platillos en el congelador.

2 Suba el fuego y deje que la preparación hierva hasta que adquiera una consistencia de jarabe, parecida a la mermelada. Vaya desespumando la superficie de vez en cuando para limpiarla de impurezas. El tiempo de cocción puede variar mucho, de 30 minutos a 1 1/2 horas, dependiendo del grado de acidez de las frutas elegidas. Empiece a verificar la consistencia al cabo de treinta minutos de cocción, introduciendo una cuchara en la cazuela para ver si la preparación se "separa". Si la cuchara forma una línea, tome un poco de la conserva y coloque la cuchara de lado. Si se forman gotas gruesas al caer, estará lista para la prueba final, que consistirá en poner una cucharadita de la conserva en uno de los platillos fríos y dejarla enfriarse ligeramente. Empújela con el dedo índice. Si se ha llegado al punto exacto de cuajado, la conserva tendrá una piel fina que se arrugará al apretarla. Además, si se pasa el dedo por ella, se mantendrá separada y no volverá a juntarse como cuando la consistencia es demasiado líquida (vea las Técnicas del chef de la página 63). Si la mezcla no está en su punto, hiérvala de nuevo y verifique el punto de cocción cada cinco minutos. Ponga especial cuidado en no dejar que hierva demasiado, ya que de lo contrario la fruta perdería su color y tendría un sabor caramelizado.

3 Una vez lista, retire la conserva del fuego y déjela enfriarse. Remuévala una última vez para que la fruta quede bien distribuida y repártala a cucharadas en recipientes limpios o frascos esterilizados.

Nota del chef Esta conserva puede servirse de inmediato o bien recubrirse y almacenarse refrigerada un máximo de 2 semanas. Las conservas no tienen el mismo tiempo de vida que las mermeladas, porque su contenido en azúcar no es suficiente para conservar la fruta tanto tiempo.

Técnicas del chef

◆

Cruasanes

Doblar la mantequilla entre la masa y hacer nuevos dobletes crea capas que suben al cocerse.

Cuando la masa fermente, amásela para que pierda el aire y estírela con un rodillo hasta formar un rectángulo más largo que el doble de la mantequilla y más ancho. Con ésta en la parte inferior, dóblela como un sobre.

Gire la masa de manera que el lomo esté a su derecha, y extiéndala de nuevo en forma de rectángulo. Dóblela en tres, y gírela un cuarto de vuelta. Déjala en el frigorífico y repita la operación dos veces.

Corte la masa por la mitad y extiéndala de nuevo para formar dos rectángulos. Corte triángulos con ayuda de un cortapastas para obtener 6 de cada rectángulo (y uno más de cada punta).

Enróllelos desde la base dejando una punta en el centro, en forma de medias lunas.

Brioches

La masa del brioche no es tan consistente como la del pan, por lo que la mantequilla tiene que trabajarse bien.

Con las manos ligeramente enharinadas, trabaje la masa sobre una superficie de trabajo unos 20 minutos, hasta conseguir una bola homogénea.

Cuando la masa haya fermentado, amásela para que pierda el aire y déjala reposar 5 minutos. Pásela a la superficie de trabajo y añada la mantequilla, haciendo juego con los dedos para que quede bien mezclada.

Trabaje de nuevo la masa 5 minutos, hasta conseguir una pasta homogénea.

Forme bolitas y colóquelas en moldes con la parte más lisa en la superficie. Realice un agujero en el centro y apoye las bolitas en forma de lágrima en los huecos. Apriételas con los dedos para ajustarlas.

Bagels

El secreto de los bagels está en hervirlos antes de hornearlos, para conferirles una textura esponjosa.

Amase la pasta y forme bolitas bien apelmazadas. Agujeréelas con el dedo y agrande el agujero con cuidado para obtener roscos parecidos a los donuts.

Cocine los bagels en agua hirviendo a fuego muy lento durante un minuto por cada lado.

Píntelos con huevo batido antes de hornearlos de 20 a 25 minutos. Ahora es el momento de espolvorearlos con semillas de amapola o de sésamo si lo desea.

Salsa holandesa

No deje que esta salsa se caliente demasiado, de lo contrario podría cortarse.

En una fuente refractaria, bata las yemas y el agua con un batidor de varillas para obtener una pasta espumosa. Coloque la fuente sobre una cazuela al baño María y sin que toque el agua. Agregue mantequilla.

Continúe añadiendo la mantequilla a fuego muy bajo sin dejar de batir la mezcla. La salsa dejará un rastro en la superficie al levantar el batidor de varilla.

Una vez haya incorporado toda la mantequilla, tamice la salsa sobre un cuenco limpio, rocíela con el zumo de limón y sazónela con sal y pimienta.

Crumpets

Estas pastitas tipo tostadas dulces resultan deliciosas recién hechas y no son difíciles de preparar.

Cocine los crumpets hasta que se formen burbujas en la superficie. Estarán listos para darles la vuelta cuando la superficie esté seca y forme una fina película.

Cocción de las conservas

Para comprobar el punto de cocción de las conservas emplee un platillo previamente refrigerado.

Ponga una cucharadita de la conserva en el platillo refrigerado. Debería formar una fina película que se arrugará al apretarla ligeramente con el dedo índice.

desayunos 63

Editado por Murdoch Books® de Murdoch Magazines Pty Limited, 45 Jones Street, Ultimo NSW 2007.

© Diseño y fotografía de Murdoch Books® 1998
© Texto de Le Cordon Bleu 1998

Editora gerente: Kay Halsey
Idea, diseño y dirección artística de la serie: Juliet Cohen

Todos los derechos reservados. Ninguna parte de esta publicación puede ser reproducida, almacenada o transmitida de ninguna forma ni por ningún medio, sea éste electrónico, mecánico, por fotocopia, grabación o cualquier otro, sin la previa autorización escrita por parte de la editorial. Murdoch Books® es una marca comercial de Murdoch Magazines Pty Ltd.

Murdoch Books y Le Cordon Bleu quieren expresar su agradecimiento a los 32 chefs expertos de todas las escuelas Le Cordon Bleu, cuyos conocimientos y experiencia han hecho posible la realización de este libro, y muy especialmente a los chefs Cliche (Meilleur Ouvrier de France), Terrien, Boucheret, Duchêne (MOF), Guillut y Steneck, de París; Males, Walsh y Hardy, de Londres; Chantefort, Bertin, Jambert y Honda, de Tokio; Salembien, Boutin, y Harris, de Sydney; Lawes de Adelaida y Guiet y Denis de Ottawa.
Nuestra gratitud a todos los estudiantes que colaboraron con los chefs en la elaboración de las recetas,
y en especial a los graduados David Welch y Allen Wertheim.
La editorial también quiere expresar el reconocimiento más sincero a la labor de las directoras Susan Eckstein, de Gran Bretaña y Kathy Shaw, de París, responsables de la coordinación del equipo Le Cordon Bleu a lo largo de esta serie.

Título original: *Breakfasts*

© 1998 de la edición española:
Könemann Verlagsgesellschaft mbH
Bonner Straße 126, D-50968 Köln
Traducción del inglés: Catherine Gilliland
para LocTeam, S.L., Barcelona
Redacción y maquetación: LocTeam, S.L., Barcelona
Impresión y encuadernación: Sing Cheong Printing Co., Ltd.
Printed in Hong Kong, China

ISBN 3-8290-0649-7

10 9 8 7 6 5 4 3 2

La editora y Le Cordon Bleu agracenden a Carole Sweetnam su colaboración en esta serie y a Viceroy & Boch, Waterford Wedgwood, Le Forge, Home and Garden on The Mall, H.A.G. Import Corp. (Australia) Pty. Ltd. su ayuda con la fotografía.
Portada: Brioche, Bagels, Conserva de naranjas chinas, Conserva de frutas rojas, Tostadas francesas con compota de bayas

---

INFORMACIÓN IMPORTANTE

GUÍA DE CONVERSIONES

1 taza = 250 ml
1 cucharada = 20 ml (4 cucharaditas)

NOTA: Hemos utilizado cucharas de 20 ml. Si utiliza cucharas de 15 ml, las diferencias en las recetas serán prácticamente inapreciables. En aquéllas en las que se utilice levadura en polvo, gelatina, bicarbonato de sosa y harina, añada una cucharadita más por cada cucharada indicada.

IMPORTANTE: Aquellas personas para las que los efectos de una intoxicación por salmonela supondrían un riesgo serio (personas mayores, mujeres embarazadas, niños y pacientes con enfermedades de inmunodeficiencia) deberían consultar con su médico los riesgos derivados de ingerir huevos crudos.